平岡 聡

日蓮に学ぶレジリエンス

不条理な人生を生き抜くために

大法輪閣

日蓮に学ぶレジリエンス

――不条理な人生を生き抜くために――

平岡　聡

はじめに

今まで脚光を浴びなかった言葉が、徐々に、あるいは一気に注目されるようになり、日常語として定着することがある。社会の変化が激しいため、それに応じて新たな言葉が創造されることもあるし、昔からあった言葉が違った意味（あるいは文脈）でスポットライトを浴びるようになる（最近の事例では「三密」がその典型例か。三密はもともと仏教〔密教〕用語であったが、コロナ禍で一躍脚光を浴びるようになった）。

まずはＬＧＢＴやＤＸなど、アルファベットの略称を例に考えてみよう。ＬＧＢＴとはLesbian/Gay/Bisexual/Transgender（レズビアン〔女性同性愛者〕・ゲイ〔男性同性愛者〕・バイセクシャル〔両性愛者〕・トランスジェンダー〔性別越境者〕）の頭文字をとったもので、セクシャル・マイノリティ（性的少数派）を意味する言葉だ（最近ではLGBTQあるいはLGBTQ+と表記されるが、詳細は省略）。一〇年前にはほとんど耳にすることはなかったが、最近では紙面で見かけることも珍しくない。

一方のＤＸだが、何を意味するかおわかりだろうか。恥ずかしながら私は「デラックス」の略だと思っていたが、実はそうではない。これは「デジタル・トランスフォーメーション」を意味し、「進化したＩＴ技術を浸透させることで、人々の生活をよりよいものへと変革すること」だと最近知った。コロナ禍も手伝って、これは今後の大学教育でも、無視できない要語となるに違いない。

略称ではなく英単語でいえば、本書のタイトルにもなっている「レジリエンス」もその一例だ。一〇年前には聞いたこともなかったが、ここ数年で「レジリエンス」を冠する書籍もかなり出版され、徐々に市民権を得つつある。その意味内容を簡単に紹介すれば、「弾力・回復力・復元力」などと訳される。その背景には、我々の日常生活がストレスに満ち溢れていることがあり、その「ストレスから立ち直ること／正常の状態に戻すこと」の必要性から頻繁に使われはじめたと考えられる。

「レジリエンス」の意味および背景を知って、仏教を研究してきた私の頭にまず浮かんだのが日蓮であった。これから本論で詳しく論じるように、日蓮は数々の法難や迫害に遭いながらも決して挫けることなく、叩かれる度に、復活するばかりか強靭さを増し、艱難辛《かんなんしん》苦《く》を避けるどころか、その真っ只中に飛び込んでいく。これを「レジリエンス」と呼ばずして何と呼ぶべきか。

我々の生活は今後ますますストレスフルになることが予想されるが、それでも死ぬまでは生きなければならない（当たり前です！）。まさに娑婆《しゃば》世界は「一切皆苦《いっさいかいく》」。しかし、そのような娑婆世界で、苦を少しでも軽減し、人生を意義あるものにしようとすれば、我々は日蓮の生き方や考え方から学ぶことが大いにある。折しも、二〇二二年は日蓮生誕八〇〇年という節目の年に当たる。これを機に、日蓮の言動をレジリエンスという視点からとらえ直し、日蓮仏教を再評価するのも悪くないだろう。

『南無阿弥陀仏《なむあみだぶつ》と南無妙法蓮華経《なむみょうほうれんげきょう》』（新潮新書）を上梓した際に私自身が学んだことをもとに、少しでも悩める人々のお役に立てばと考え、そして何より苦悩する自分自身を鼓舞するために（詳細は「おわりに」を参照）、本書の出版を決意した次第である。

凡例

①歴史的 Buddha、すなわち釈迦牟尼《しゃかむに》（ガウタマ・シッダールタ／ゴータマ・シッダッタ）仏は「ブッダ」とカタカナ表記し、そのほかの Buddha は「仏」と漢字表記する。ただし、慣用表現は、「ブッダの滅後」ではなく「仏滅後」、「ブッダの弟子」ではなく「仏弟子」などと漢字で表記する。

②漢数字について、固有名詞化している数字は「三十二相」、単なる数字を表す場合は「三二歳」などと表記することを基本とする。

③宗祖の著作から引用する際は、現代語訳することを原則とする。その際、読みやすさを最優先したため、原文にはない言葉を、〔　〕を用いずに補っていることを断っておく。

④原文を引用する場合、「たまふ」は「たまう」など、現代語的表現に改めている。

⑤漢訳仏典や研究の引用では、漢字の旧字を新字に改めている。

目次

序　章　現代社会とレジリエンス

読者の皆さんは、何の苦も感じずに人生を謳歌しているだろうか。本書を手にされたということは、何らかの意味で人生の小さな石に躓き、生きづらさを感じていると拝察する（そうでなければ謝ります）。そこで序章では、本論に入るに先立ち、「レジリエンス」が注目されるに至った背景を整理する。

レジリエンスの意味

まずは、レジリエンス（resilience）の本来の意味、および派生的意味を定義することからはじめよう。もともとこの語は物理学の用語で、「外からの力が加わっても、ふたたび元の状態に戻ることができる力」、すなわち「弾力性／反発性」を意味する言葉であったが、ここから派生して、さまざまな分野で使用されるようになる。ゾッリ［2013］を参考に各分野での意味内容を紹介しよう。

・土木工学：橋や建物などの構造物が損傷を受けたあとで、ベースラインまで回復する性能
・生態学：回復不能な状態を回避する生態系の力
・心理学：トラウマに効果的に対処する個人の能力
・ビジネス：自然災害や人災に遭遇しても業務を継続できるように（データや資源の）バックアップを整備すること

これらの定義を紹介したあとで、ゾッリは、これらの定義が変化に直面した際の「持続性」と「回復」というレジリエンスの二つの本質的な側面のいずれかに基礎を置いていると前置きし、レジリエンスを「システム、企業、個人が極度の状況変化に直面したとき、基本的な目的と健全性を維持する能力」と定義する。そしてゾッリ［2013］はつぎのように指摘する。

レジリエンスを向上させるということは、好ましい谷からはじきだされないように抵抗力を強化し、いざというときに備えて許容性の幅を広げておくことだ。これはレ

ジリエンスの研究者たちが「適応能力の維持」と呼ぶものである。つまり、状況の変化に適応しつつ自己の目的を達成する能力を維持することであり、予測不能な混乱や変動が頻繁に発生する現代においては欠かせない能力だ。

現代は予測不能の時代と言われる。コロナ禍に代表されるように、いつ何時、想定外の危機的状況が襲ってくるかわからない。だからこそ、個人レベルや組織レベルなど、さまざまなレベルでレジリエンス能力を向上させる必要があるし、また各方面においてレジリエンスの使用頻度が高まっていると考えられる。

今日ではさまざまな文脈でレジリエンスは多義的に使用されているが、本書で扱うのは主として個人のレジリエンス、つまり苦やストレスから回復する能力についてである。時代の進展とともに我々の生活水準は上がり、便利になったが、それと反比例するように、我々の生活はストレスフルになりつつある。ここに、個人レベルで一人ひとりのレジリエンス能力を向上させる必要性があると言えよう。

ＳＤＧｓの中のレジリエンス

ではつぎに、少し視点を変え、ＳＤＧｓを手がかりにレジリエンスを考えてみたい。やや脇道に逸れるが、これは自分たちが住む社会や世界をよくするために一人ひとりが〝自分事〟として考えるべきテーマであるし、また日蓮が目指した寂光土《じゃっこうど》（この娑婆世界に建設されるべき浄土）を現代人の目から考える上でも参考になるので取り上げる。

ＳＤＧｓとはSustainable Development Goals（持続可能な開発目標）の略で、外務省［2018］によれば、つぎのように説明される。

持続可能な開発目標（SDGs: Sustainable Development Goals）とは、二〇〇一年に策定されたミレニアム開発目標（ＭＤＧｓ）の後継として、二〇一五年九月の国連サミットで加盟国の全会一致で採択された「持続可能な開発のための二〇三〇アジェンダ」に記載された、二〇三〇年までに持続可能でよりよい世界を目指す国際目標です。一七のゴール・一六九のターゲットから構成され、地球上の「誰一人取り残さない（leave no one behind)」ことを誓っています。ＳＤＧｓは発展途上国のみならず、先進国自身が取り組むユニバーサル（普遍的）なものであり、日本としても積極的に取り組んでいます。

つまりこれは、国境や人種を超えて、我々一人ひとりが地球市民として真の幸福を目指すための共通の目標なのである。ＳＤＧｓは具体的には一七のゴール・一六九のターゲットから構成され、原文は英語で記されているが、この中に名詞形の「レジリエンス」およびその形容詞形「レジリエント」が頻繁に使われている。やはり二〇三〇年を見据えたＳＤＧｓにおいても、「レジリエンス／レジリエント」がいかに重要な用語であるかがわかる。以下、その用例を確認してみよう（外務省［2018］）。

・前文：我々は、世界を持続的かつ強靱（レジリエント）な道筋に移行させるために緊急に必要な、大胆かつ変革的な手段をとることに決意している。我々はこの共同の旅路に乗り出すにあたり、誰一人取り残さないことを誓う。

・我々のビジョン（目指すべき世界像）：住居が安全、強靱（レジリエント）かつ持続可能である世界。（中略）技術開発とその応用が気候変動に配慮しており、生物多様性を尊重し、強靱（レジリエント）なものである世界。

・新アジェンダ（経済基盤）：我々は、生産能力・生産性・生産雇用の増大、金融包摂《ほうせつ》、持続可能な農業・畜産・漁業開発、持続可能な工業開発、手頃で信頼できる持続可能な近代的エネルギー供給へのユニバーサルなアクセス、持続可能な輸送システム、質の高い強靱（レジリエント）なインフラにおいて、生産能力、生産性、生産雇用を増大させる政策を採用する。
・新アジェンダ（移民）：我々は、移民に対し、その地位、難民及び避難民を問わず、人権の尊重や人道的な扱いを含む安全で秩序だった正規の移住のための協力を国際的に行う。このような協力は、特に開発途上国において難民を受け入れているコミュニティの強靭性（レジリエンス）を強化することにも注力すべきである。
・新アジェンダ（天然資源、海洋、生物多様性等）：我々は、持続可能な観光事業、水不足・水質汚染への取組を促進し、砂漠化、砂塵嵐、浸食作用、干ばつ対策を強化し、強靭性（レジリエンス）の構築と災害のリスク削減にむけた取組を強化する。
・目標一（あらゆる場所のあらゆる形態の貧困を終わらせる）・五：二〇三〇年までに、貧困層や脆弱な状況にある人々の強靭性（レジリエンス）を構築し、気候変動に関連する極端な気象現象やその他の経済、社会、環境的ショックや災害に対する暴露や脆弱性を軽減する。
・目標二（飢餓を終わらせ、食糧安全保障及び栄養改善を実現し、持続可能な農業を促進する）・四：二〇三〇年までに、生産性を向上させ、生産量を増やし、生態系を維持し、気候変動や極端な気象現象、干ばつ、洪水及びその他の災害に対する適応能力を向上させ、漸進的に土地と土壌の質を改善させるような、持続可能な食料生産システムを確保し、強靱（レジリエント）な農業を実践する。

・目標九（強靱（レジリエント）なインフラ構築、包括的かつ持続可能な産業化の促進及びイノベーションの推進を図る）・一：すべての人々に安価で公平なアクセスに重点を置いた経済発展と人間の福祉を支援するために、地域・越境インフラを含む質の高い、信頼でき、持続可能かつ強靱（レジリエント）なインフラを開発する。

・目標九・a：アフリカ諸国、後発開発途上国、内陸開発途上国及び小島嶼《しょうとうしょ》開発途上国への金融・テクノロジー・技術の支援強化を通じて、開発途上国における持続可能かつ強靱（レジリエント）なインフラ開発を促進する。

・目標一一（包摂的で安全かつ強靱（レジリエント）で持続可能な都市及び人間居住を実現する）・b：二〇二〇年までに、包含、資源効率、気候変動の緩和と適応、災害に対する強靱さ（レジリエンス）を目指す総合的政策及び計画を導入・実施した都市及び人間居住地の件数を大幅に増加させ、仙台防災枠組二〇一五〜二〇三〇に沿って、あらゆるレベルでの総合的な災害リスク管理の策定と実施を行う。

・目標一一・c：財政的及び技術的な支援などを通じて、後発開発途上国における現地の資材を用いた、持続可能かつ強靱（レジリエント）な建造物の整備を支援する。

・目標一三（気候変動及びその影響を軽減するための緊急対策を講じる）・一：すべての国々

において、気候関連災害や自然災害に対する強靱性（レジリエンス）及び適応力を強化する。

・目標一四・二：二〇二〇年までに、海洋及び沿岸の生態系に関する重大な悪影響を回避するため、強靱性（レジリエンス）の強化などによる持続的な管理と保護を行い、健全で生産的な海洋を実現するため、海洋及び沿岸の生態系の回復のための取組を行う。

外務省の資料は訳語を「強靱（性／さ）」で統一するが、そのすべてに「レジリエンス／レジリエント」という英語のカタカナ表記を併記し、実に多様な文脈で「レジリエンス／レジリエント」を使用している。少なくとも、これからの一〇年、「レジリエンス／レジリエント」はさまざまな分野で鍵概念《かぎがいねん》となることは間違いない。

個人のレジリエンス

このように、レジリエンスは多様な文脈で使用され、個人のレジリエンスもあれば、組織・社会・コミュニティのレジリエンスもある。しかし、ここでは個人のレジリエンスに焦点を絞ってみていくことにする。まずは導入として、本章の冒頭で紹介したゾッリ［2013］を参考に、個人のレジリエンスについてみてみよう。

ここで取り上げられているのは、ホロコーストを生き延びた孤児たちの生き方である。アウシュビッツの強制収容所に代表されるように、ここでの体験は想像を絶するストレスと対峙することになる。そのような過酷な体験をした孤児たちは、その後、どのような人生を歩むことになるのか。そのうち、四人の孤児を追跡した研究がある。それによれば、二人は不安と屈辱と過去の悲しみに苛まれていたが、あとの二人は家庭を築いて幸せに暮らし、人生を謳歌していたという。同じ体験をしていながら、なぜこれほどまでにその後の人生が違うのか。

この研究をきっかけに、心理学的レジリエンスについての本格的研究が始まったが、当初、これは遺伝的な要因に帰せられ、調査対象の子どもたちの精神力と忍耐力が強調された。しかし研究が進むにつれ、レジリエンスは非凡なスーパーキッズのみが先天的に身につけている特別なものではなく、普通の人間の性質だったことが明らかになった。これは、どの人間もレジリエンスを生得的に有し、生まれてから鍛えることができることを意味する（でなければ、本書を著す意味もない）。

この類いの従来の研究が定量的根拠に基づいていなかったという反省に立ち、個人単位ではなく、集団の中で悲しみやトラウマがどう現れるかに注目し、定量的研究を行ったのが臨床心理学者ボナノである。ボナノはさまざまな場面（自然災害・罹患・配偶者の喪失など）において喪失とトラウマに関する長期的な調査を繰り返し行ったが、集団レベルでは毎回まったく同じパターンが現れた。

トラウマがどれほど深刻であろうと、「心的外傷後ストレス障害（PTSD: Psot Traumatic Stress Disorder）」割合が三分の一を超えることはなく、レジリエンスの割合は必ず三分の一以上、三分の二未満の範囲に収まったという。この調査結果からもレジリエンスは、ある特定の人間だけに与えられた特別な能力ではなく、ごくありふれた人間の性質として備わっていることがわかる。

人生のストレス要因に対して勝れた防御効果を発揮するレジリエンスの要因は、楽天家あるいは自信家といった先天的な性格的特徴に帰せられがちだが、レジリエンスは経験に基づいて状況を再評価し、感情を調整し、逆境をバネに変えようとする思考パターンに基づいている。これは社会心理学者が「ハーディネス（強靭さ）」と呼ぶ性質であるが、これは大まかに三つの信念が土台になっているという。

・人生に有意義な目的を見いだせるという信念
・自分が周囲の状況や出来事に貢献できるという信念
・経験はよかれ悪しかれ学習と成長につながるという信念

とすれば、信仰心の厚い人々にも比較的高いレジリエンスが備わっていても不思議ではないだろう。

宗教とレジリエンス

これについても、ゾッリ［2013］を参考に紹介する。ゾッリは人類学者ギアツの論文「文化システムとしての宗教」から、つぎの箇所を引用する。本書の内容を考える上でも重要な指摘なので、少し長いが紹介しよう。

ある経験的な出来事の奇妙な不透明性、容赦ない無情な痛みの恐るべき理不尽さ、言語道断の不平等の説明のつかない不可解さ、こういったことはすべて、もしかすると世界には、いや人生には、真の秩序など存在しないのではないかという不快な疑念を抱かせる。経験的な規則性もなければ、感情のあるべき姿も、道徳的一貫性もないのではないか、と。そして、このような疑念に対する宗教的な反応はいつも同じだ。つまり、象徴を引き合いに出すことにより、人の経験において感知された曖昧さ、困惑、矛盾を説明し、さらには称揚さえするような、純粋な世界の秩序のイメージを構築するのだ。その試みが目指すのは、否定できない事実――この世には解明されざる出来事があり、人生は苦痛に満ち、災いは正しき者にも降りかかる――を否定することではなく、この世には説明できないことがあり、人生は耐え難く、正義は幻想だという思考を否定することである（Geertz［1973］）。

世界にはさまざまな宗教が存在するが、宗教的信念が廃れることなく受け継がれている理由の一つは、それが魂の存続を保証してくれるからではなく、それを保つことで一定の精神的レジリエンスが得られるからであるとゾッリは指摘する。本書で確認するように、この指摘は日蓮にもよく当てはまる。

この世は不条理で満ちている。倫理（善因楽果《ぜんいんらっか》・悪因苦果《あくいんくか》）を超えたことも頻発する。それでも、死ぬまで生きていかなければならないとしたら、倫理を超えた超倫理が必要になるが、そこにこそ宗教の存在意義がある。宗教の理屈に従えば、この世には説明できないことがあると思えるのも、人生は耐え難いと感じることも、正義は幻想だと判断してしまうことも、それはすべて不完全な人間の浅はかな智慧《ちえ》では窺い知ることができないだけであり、それを超えたところに神（仏）のみぞ知る崇高な世界があるというのが宗教の論理である。

宗教は精神的レジリエンスを涵養《かんよう》するのに資するが、本書では仏教とレジリエンスおよびレジリエンスの典型例として、第二章以下で日蓮の生き方と考え方を詳しくみていくことにする。

レジリエントな人が持つ三つの能力

ここでは、レジリエンスの高い人が持つ三つの能力について紹介しよう。ハーバード・ビジネス・レビューのシニアエディター（心理学とビジネス全般を担当）であるクーツ（ハーバード・ビジネス・レビュー［2019］）はレジリエンスに関する研究を渉猟《しょうりょう》した結果、レジリエンスの高い人は共通して以下の三つの能力を宿しているという。

①現実をしっかりと受け止める力
②「人生には何らかの意味がある」という強い価値観によって支えられた、確固たる信念
③超人的な即興力

では、この三つの能力を個別にみていこう。まずは①から。レジリエンスの高い人は、生死に関わる現状について、冷静かつ現実的な見解を持っている。簡単そうだが、実際は

難しい。それはあまりに当たり前すぎて、目を背けている場合が多いからだ。我々の経験からしても、とくに苦境にあるとき、その現実と対峙することは大きな苦痛を伴うので、現実を直視することは極めて困難だが、それを避けていると、現実的な解決策にたどり着けないのは自明の理である。

つぎに②だが、苦境をただ悲観的に受容していたのでは、そこから抜け出せない。苦境に陥っても、そこに何らかの意味を見いだす方がレジリエントであることは容易に想像できよう。この「意味を紡ぎ出す作業」が橋渡しとなって、レジリエンスの高い人の多くが、辛かった今日から充実した明日を確立している。その橋が、困難な状況でも対処可能とし、「この状況はどうにもならない」という感覚を払拭するのである。

一つだけ、有名な例を紹介しよう。オーストリアの精神科医で、ホロコーストの生存者であったフランクルは強制収容所で生活するうち、「生きていくには目的が必要である」と気づいた。そこでフランクルは、戦争が終わったら自分の体験をみんなに知ってもらうために、強制収容所で過ごしたときの心理状態について講義している自分の様子を想像するようにした。生き残れるかどうかさえ不明だったが、ともかくこのような目標を設定することで、自らをその場の苦難より一段上に置くことができたという。

「どうしようもない状況にあっても、変えようもない運命に直面しても、我々は人生に意味を見いだせることを忘れるべきではない」とフランクルは言う。置かれた環境から意味を見いだすことが、レジリエンスの重要な側面であるとクーツは指摘する。

最後の③だが、心理学者はこのスキルを「ブリコラージュ」という。その語源には「すぐに回復する」という意味があるので、レジリエンスの概念と密接に関係し、必要なツールや素材が手元になくても、問題解決策を即興的に創り出せる能力と定義される。③については微妙だが（即興的ではないにしても、日蓮は問題解決能力に勝れている）、①と②については、日蓮と大いに関係するので、後ほど詳しく取り上げる。

当初、レジリエンスは遺伝的役割が強調されたが、その後の研究で学習できる能力であることがわかってきている。ともかく、レジリエンス（再起力）とは人々の精神と魂に深く刻まれた反射能力であり、世界と向き合い、世界を理解する能力である。レジリエンスの高い人は現実に毅然と目を向け、困難な状況を悲嘆することなく、前向きな意味を見いだし、啓示を得たかのように解決策を生みだしていくとクーツは指摘するが、これは日蓮についてもよく当てはまる。

心的外傷後成長

日蓮のレジリエンスを考える上で重要な概念である「心的外傷後成長（PTG: Post-traumatic Growth)」について触れておく。心的外傷とは、「身の危険を感じるような出来事（戦争・虐待・自然災害など）」など、極度のストレスを経験した後、日常生活に支障をきたす強く不快な反応」であるが、人によっては、それを経験した後、元の状態に戻るばかりか、心的外傷を経験したことで、それをバネに元の状態よりさらに成長することがある。これを心的外傷後成長という。

日蓮が実際に心的外傷を受けたかどうかは不明だが、大きな困難（法難・受難）を度々経験しても、その度に以前よりもさらに成長したことはたしかである。よってここでは、心的外傷後成長についても簡単に触れておく。

まずはポジティブ心理学の創始者セリグマン［2014］を参考に紹介しよう。彼は心的外傷を経験した人々を調査し、ひどい出来事を一つ経験した人は、いずれも経験したことのない人に比べて強靱さを備えていた（幸福度が高かった）。ひどい出来事を二つ経験した人は、一つ経験した人より強く、三つ経験した人は二つ経験した人よりも強かったと報告している。まさに七転八倒、あるいは転んでもただでは起きぬ受領の精神にも一脈通じるものがある。

他の研究では、生きていることにあらためて感謝するようになったこと、一人の人間として一層強くなったこと、新たな可能性に向けて行動するようになったこと、人間関係が改善されたこと、精神的に進化したことなどの思想的な状態は、たいてい悲惨な出来事の後で生じていることがわかっている。トラウマ自体を賛美すべきではないが、トラウマが多くの場合に成長の契機になっていることはたしかだとセリグマンは言う。

つづいて、心理学者マクゴニガル［2015］の所論に耳を傾けてみよう。彼女は心的外傷後成長が、子どもや大人といった年齢を問わず、多くの国や文化圏で確認されていることを指摘し、これが人間に普遍的な現象であることを強調する。決して特定の人だけが有する特別な能力ではないのである。そして心的外傷後成長を遂げた人は、つぎのような共通の変化がみられるという。

・以前よりも周りの人たちに対する親しみを感じるようになり、思いやりが深まった
・自分は思っていた以上に強いことがわかった
・以前よりも自分の人生が価値あるものに思えるようになった
・信仰心が強くなった
・新しい生き方を確立することができた

また彼女も、心的外傷後の苦痛が深刻な場合ほど、心的外傷後成長が大きい傾向にある

こと、また心的外傷後の苦痛が心的外傷後成長のエンジンであり、前向きな変化につながる心理的プロセスを引き起こすと指摘する。

マクゴニガルの言うように、トラウマや苦しみ自体が成長を促すのではない。成長は我々自身がそのトラウマや苦しみとどう向き合うかという態度、すなわち逆境のよい面を見つめようとする態度であると彼女は指摘する。

ベネフィット・ファインディングと代理レジリエンス

さてこの「逆境のよい面を見つめようとする態度」であるが、これは「ベネフィット・ファインディング（利点を見いだすこと）」と呼ばれる。過去の辛い体験も役に立つと考えられれば、ストレスを感じても頑張り抜くことができる。実際に慢性の痛みや病気がある人でも、苦しみの中によい面を見いだせる人たちは、身体機能が徐々に回復する傾向にあることがわかっている。

それはなぜかというと、逆境のよい面を見つめれば、対処の仕方が変わるからだという。厳しい状況でもよい点を見つける人たちは、人生に対する目的意識が強く、将来に希望を持ち、現在のストレスにもきちんと対応できる自信を持っている人が多いようだ。これは単に「悪いことはすべてよいことだ」と考える楽天的な態度ではなく、困難に対処していくうちに、よい点に気づく能力であるとマクゴニガルは指摘する。やはり、しっかりと現実の苦や困難と向かい合って、もう一人の自己と対話し葛藤するというプロセスが必要なのであろう。ともかく、苦難や喪失やトラウマに対処する中で、多くの人にはつぎのような前向きな変化が現れるという。

・自分の思いがけない強みに気づいた
・人生はかけがえのないものだと思うようになった
・精神的な成長を遂げた
・社会的なつながりや周りの人たちと関係が深まった

このベネフィット・ファインディングは日蓮にも顕著にみられる態度であり、逆境を逆境で終わらせるのではなく、それを見事に反転させ、「逆境であるからこそ」という態度で、現状をポジティブにとらえ直していくが、それは単に楽天的態度やポジティブ・シンキングというのではない。日蓮も挫折を経験し、深く悩み、現実の苦悩と正面から対峙した。このようなプロセスを経て日蓮のレジリエンスが紡ぎ出されたことを忘れてはならない。

ではもう一つ、日蓮のレジリエンスを考える上で重要な概念をマクゴニガル［2015］から取り上げる。それは「代理レジリエンス／代理成長」と呼ばれるものである。これは他者の物語を通して心的外傷後成長を体験できるというものだ。つまり、他者のトラウマ体験の話（物語）を聞いたり読んだりすることで、人は成長したり、苦の中に意味を見いだしたりすることができるようで、これは研究でも実証されているという。

最初にこのような状態が観察されたのは、人を助ける職業の人々（心理療法士・メンタルヘルスケア従事者・医療従事者・ソーシャルワーカーなど）であった。彼らは対象者のレジリエンスや成長に触発されて希望を見いだし、自分自身のレジリエンスに気づいたり、人生の困難な問題に以前よりうまく対処できるようになったりしたという。しかしこれは、そのような特別な職業に従事する人たちだけではなく、誰にでも起こりうる現象であるが、一つだけ条件がある。それは、彼らの物語に「心から共感すること」である。この場合の共感とは、単なる「哀れみ」ではない。

単なる「哀れみ」は逆に「代理レジリエンス」を阻害する要因になるとマクゴニガルは言う。相手を哀れむと、相手を気の毒には思っても、相手の強さに気づくことはできず、相手の苦しみを自分の身に置き換えて想像することができないからである。相手の苦しみに心を動かされないかぎり、相手の苦しみを通して学び、成長することはない。相手の苦しみや強さにも心を打たれてこそ、我々は学び成長することができる、ここがマクゴニガルのポイントである。

そしてさらに重要なのは、この代理成長には感染力があるという点だ。代理成長を意識するだけでも、実際に代理成長が起こりやすくなることがわかってきている。これから紹介するように、日蓮もあるレジリエントな人物から影響を受けて成長を遂げ、またその日蓮のレジリエントな態度は直接／間接を問わず、弟子たちに感染している。こうして、レジリエンスは感染し、現在の日蓮の仏教の信者に受け継がれているのである。

アドラー心理学

本章の最後で、アドラー心理学にも触れておこう。というのも、アドラー心理学が日蓮のレジリエンスを考える上で有益であるからだ。ここでは岸見［2010; 2018］および岸見・古賀［2013］に基づき、そのポイントを「目的論」と「共同体感覚」の二つに絞って概説する。

心理学でフロイトとユングは有名だが、この二人と並び「心理学の三大巨頭」と称されるのがアルフレッド・アドラーだ。最初はフロイトの同僚だったが、現在の結果をリビドー（性的欲求）やすべての過去の経験に求めるフロイトについていけず、結局アドラーはフロイトと袂を分かつことになった。フロイト心理学の特徴が「原因論」であるなら、アドラー心理学の特徴は「目的論」と言える。両者はどう違うのか。

たとえば、原因論では「過去のトラウマ経験によって引きこもり、外出できなくなった」と説明されるケースも、目的論では「外出できない原因を過去のトラウマに求めている（過去のトラウマを言い訳にして外出を拒んでいる）」となる。よって、アドラーはトラウマを明確に否定する。過去のいかなる経験もそれ自体では成功の原因でも失敗でもないので、すべては自分の〝経験〟によって決定されるのではなく、〝経験に与える意味づけ〟によって自らを決定するとアドラーは説くからだ。

過去の客観的な事実は変えられないが、主観的な解釈は変えられる。過去に縛られているかぎり、未来に向かって一歩も踏み出すことはできない。過去に縛られず、今、自分が何をするのか、自分の行動を選択すること（自己責任）で未来は変えられる。こうして、人は過去の原因に動かされるのではなく、自らの定めた目的に向かって動いていくことができる。これがアドラー心理学の目的論なのである。

つぎに、アドラー心理学の鍵概念となる「共同体感覚」を取り上げる。他者を「仲間」とみなし、そこに「自分の居場所がある」と感じられることを「共同体感覚」と言う。その際、「自己への執着」を「他者への関心」に切り替えれば共同体感覚が持てるようになるが、その際に必要なのが、自己嫌悪に陥らず、ありのままの自己を受容すること（自己受容）、一切の条件をつけずに他者を信頼すること（他者信頼）、そしてその他者に対して貢献すること（他者貢献）の三つである。

この「共同体」とは現実の地域社会や国家を超え、宇宙全体をも含み込む「すべて」を共同体（理想的な人間同士のあり方）と考えているようだ。そして「私」は人生の主人公でありながら、共同体の一員であり、一部である。その共同体に積極的にコミットすることで所属感が得られ、また「私は共同体にとって有益である」と思えたとき、つまり「私は他者に貢献できている」と思えたとき、自らの価値を実感でき、真の幸福感を得られるという。

アドラー心理学は、ありのままの自己を受け入れるところから出発し、過去の経験を言い訳とせず、他者との比較から生じる自己嫌悪や優越感を一切廃し、勇気を持って自己変革に踏み出し、絶対的な信頼を置く他者、およびその他者の集合体である共同体に自分がいかに貢献できるかを考える、ある意味でストイックな心理学と言える。個人心理学と言われながら、共同体なるものを想定し、それに対する貢献感によって自己の幸福を考えるという点にユニークさを感じる。

第一章　仏教の業《ごう》思想

日蓮のレジリエンスに入る前に、仏教の業思想について概説しておく。というのも、レジリエンスに関する要語「苦」は仏教では「業（行為）／善悪」とセットになっており、日蓮の苦に対する態度も業思想を抜きにしては語れないからだ。逆に言えば、仏教の業思想を正確に押さえておけば、日蓮のレジリエンスに対する理解が容易になる。

不条理な人生

人間は意味を求める動物である。だから、無意味なことや理屈に合わぬことを強制されたり単純作業を延々とやらされたりすると、精神に異常をきたし、場合によっては死ぬこともある。シベリアやアウシュビッツの強制収容所では、ある場所に穴を掘らせた後、数時間してからその穴を埋めさせ、これを毎日繰り返させるという拷問があった。この無意味な労働を強いられ、発狂したり、死んだりする者もいた。

「意味／理屈」を求める人間にとってさらに厄介なのは、この世で倫理が一〇〇％機能していないことだ。この世で、善人が必ず栄え悪人が必ず衰えるのなら、納得がいく。そこには「意味／理屈」が見いだせるからだ。「善いことをしたので報われる。悪いことをしたので罰せられる」というのは理屈が明快で、そこに生きる意味を見いだすのも難しくない。しかし現実の社会で倫理が完全に機能していないことは、毎日のニュースなどで明らかである（平岡［2018］）。

このように、倫理が一〇〇％機能していないところに宗教の存在意義がある。倫理だけでは説明のつかないことを宗教は説明するからだ。日蓮の悲痛な叫び、それは自分が「法華経護持《ほけきょうごじ》」という最大級の善を実践しているにもかかわらず、数多の法難に遭遇するという不条理に直面したから発せられた。そして宗教（この場合は仏教）はその日蓮を納得させるだけの理屈を提供する。

日蓮のみならず、世の中には悪事を犯しながら何のお咎《とが》めもない人々がいる一方で、自らは犯罪とは縁遠く実直に生きてきたのに、つぎからつぎへと降りかかる厄難《やくなん》や災難にじっと耐えて生活する人々が少なからず存在する。彼らに倫理の一般原則はまったく通用しない。しかし人間は意味を求める動物であるから、その不条理な現実を何とか納得したいと考える。そのような人々に、仏教を含めた宗教は「もう一つの物差し」を提供し、その不条理を条理に変えてしまう。

この世の中を生きていく上で、倫理は必要だ。私自身、倫理が機能しない世の中など、怖くて暮らしたくない。倫理という物差しは人間が安心して暮らすためには必要不可欠な物差しである。とはいえ、倫理が一〇〇％機能しない以上、それだけではまた安心して暮らしていけない。不条理な人生を生き抜くためには、もう一本の物差し、つまり宗教という物差しも必要なのである。現実的にはこの二本の物差しを巧みに使い分けながら、この世を渡っていくしかない。座頭市ではないが、「いやな渡世」なのである。

ではあらためて、最近の事例から不条理な事象を拾ってみよう。我々の人生は生まれる場所によって大きく左右される。自由が保障されている国もあれば、独裁者が国民を虫けらのように扱う国もある。どこに生まれるかは自分で選択できないので、我々の善悪とはまったく無関係に、生まれる国によって大きな幸不幸の差が出てしまう。また、独裁者は贅を尽くした生活を死ぬまで享受することもある。

日本は自由が保障されている国ではあるが、その日本にも部落差別という過酷な現実がある。被差別部落に生まれたというだけで、本人の所行とはまったく無関係に不当な差別を受ける。被差別部落でなくても、生まれる家や親によって人生は大きく異なる。幼児虐待がその典型例だ。子どもに何の罪があるというのか。

つぎに自然災害や事故を考えてみよう。一九九五年には阪神・淡路大震災、そして二〇一一年には東日本大震災が起こり、多くの命が奪われた。地震大国とはいえ、なぜこのような大震災が阪神・淡路あるいは東日本で起こり、それ以外の場所で起こらなかったのか。なぜあの人が死んで、私は生き残ったのか。一九八五年、日航機墜落事故で五二〇人の命が亡くなったが、一億人以上いる日本人の中でなぜ、よりにもよって私の大切な人がその五二〇人に含まれていたのか。不条理というほかはない。

飲酒運転に巻き込まれて亡くなるケース、強盗殺人に遭うケース、手抜き工事が原因となって命を落とすケース、いじめに遭って自ら命を絶つケース、数えればきりがないが、当人およびその家族にとっては何ともやりきれないことが起こる。まったくこれらは倫理では説明がつかない。人生に意味があるとすれば、これらの死にはどのような合理的意味があるというのか。

これらは今に始まった話ではない。昔からこの世は不条理に満ちていた。古代インドではこの世間を「娑婆」と呼んだ。これはインド語「サハー」を漢字で音写したもので、「耐え忍ぶ」を意味する。つまり娑婆とは「忍土《にんど》」のことで、現代人だけではなく古代インド人も、倫理が万能ではないこの世で苦に耐え忍びながら生きてきた。

義人《ぎじん》の受難：『ヨブ記』より

ここでは小坂［1999］を参考に、旧約聖書の『ヨブ記』から、宗教の物差しの必要性を説いた逸話を紹介しよう。『ヨブ記』は義人の受難を扱うので、宗教と倫理の問題を考える上で好都合である。主な登場人物を列挙すると、つぎのとおり。

・ヨブ：義人の典型で超優等生
・サタン：地上における悪の告発者で、神を挑発
・ヤハウェ（神）：サタンの挑発に乗り、ヨブに試練（全身の腫物）を与える
・三人の友：応報主義（善因楽果／悪因苦果＝倫理）で慰め「悔い改め」を奨励

サタンはヨブの信仰心を怪しみ、彼の信仰心を試すべく、ヨブに全身の腫物を与えるようヤハウェに進言する。こうして全身がひどい皮膚病に冒されてしまったヨブを、三人の友がやってきて慰めた。「あなたがこのような苦しい目に遭うのは、何か悪いことをした報いではないか。その悪業《あくごう》を悔い改めよ。そうすれば神の許しがあるだろう」と。しかし、自らの悪業など身に覚えのないヨブは強く反発し、理由なき受難に晒されて神を呪い神に反抗するも、ヨブはひたすら神を求め続けた。

ヨブの悲嘆の原因の一つは、受難の理由がわからないことだ。教条主義（因果応報の理）と経験主義（経験的現実）とがあまりに乖離《かいり》していたからである。すでにみたように、現実の世界では善人が必ずしも幸せに暮らすとはかぎらない。こうして、身に覚えのない苦痛を経験する中で、ヨブは応報主義の教理を信じられなくなった自分を嘆き、神の正義は公平性を欠いていると訴えた。

するとそこにヤハウェが現れ、ヨブの問いかけには一切答えず、「創造のときに、一体お前はどこにいたのか／創造の数々の神秘を、果たしてお前は知っているのか／美妙な宇宙の秩序とその維持者について考えたことがあるか」などと問いかけた。これは人間の知識の限界、とくに創造の神秘についての無知を指摘している。換言すれば、自分の判断基準で事の是非をはかろうとする人間中心主義的な考え方の誤りを指摘している。

ともかく、神が自分の問いに直接答えていないにもかかわらず、ヨブは自分の無知を覚り、自分の非を詫びて回心した。彼にとっては、問いに対する神の答えよりも、神が彼の求めに応じて姿を現したことの方が重要であった。受難があったからこそ、ヨブは神を直に見ることができたのだ。

ここに倫理と宗教の違いが如実に表れている。「義《ただ》しさの基準」は「従順さの度合い（倫理）」ではなく「真剣さの度合い（宗教）」であり、宗教は「どれだけ真剣に神を求めたか

（必要としたか）」を問題とする。浄土教でも、仏を必要としない善人よりも、仏を真剣に求める悪人の方が阿弥陀仏の正機《しょうき》（救済の対象）となる。

それはともかく、この世には倫理的法則を超えたことが起こりうる。問題はそのような事態に直面したとき、その事態をいかに腹に納めるかだ。ユダヤ教的に言えば、それは「神から幸福をいただいたのだから、不幸もいただこうではないか」（『ヨブ記』2：10）という態度になる。

おそらく物語の作者（ユダヤ人）はこのヨブの受難にイスラエル民族の受難を重ね、身に覚えのない苦難の連続を受容するために創造した物語とも考えられるが、ユダヤ人のみならず、不条理な現実を生きる誰もが考えるべきテーマである。

不条理な人生を生きた仏弟子

ここでは、二人の極端な仏弟子を取り上げよう。一人は多くの人々の命を奪いながらも、その業の報いを経験せずに阿羅漢《あらかん》となったアングリマーラ、もう一人は阿羅漢になりながらも最後は外道《げどう》に殺されてしまうという末期を迎えたマウドガリヤーヤナ（目連《もくれん》）である。

まずはアングリマーラから。

まずは彼の名前から説明しよう。これは彼のあだ名であるが、人の指（アングリ）を切り落としては、その指で首飾り（マーラ）を作っていたことに由来する。本名は「アヒンサ（不殺生《ふせっしょう》）」で、その名のとおり、本来は善人だった。ではどうして善人のアヒンサが殺人鬼になってしまったのか。彼の説話をみてみよう。

彼は師匠に師事し、教えを受けていた。あるとき師匠が外出すると、師匠の妻がアヒンサを誘惑したが、彼はそれを拒んだ。夫が帰ってくると、逆恨みした師匠の妻はアヒンサが自分を凌辱したと嘘をつく。師匠は激怒し、彼に「今から人を一〇〇人殺し、その指を切って首飾りを作れ。そうすれば、お前の修行は完成する」と命じた。こうしてアヒンサは殺人を重ね、最後の一人として自分の母を殺そうとしたところで、ブッダが彼を思いとどまらせ、教化《きょうげ》するというのがアングリマーラの説話である。その後、彼はブッダのもとで修行し、覚りを開く。

さて仏典には同じような話が複数の資料にみられ、それぞれ特別な意図を持って編纂されることがある。このアングリマーラ説話はその典型とも言えるもので、最古の資料に基づき、その内容を極度に圧縮すれば、「悪人鬼アングリマーラはブッダの教導により、殺生を止め、出家して修行を積んで解脱《げだつ》すると、出家前の悪業《あくごう》の果報（苦果）を経験することなく死んだ」となる。これがアングリマーラ説話の祖型と考えられるが、我々がこれをみたときに、どう感じるであろうか。

本書でも強調しているように、この世界で倫理は一〇〇%機能しない。だから、アングリマーラのような人生を送る人もいる。たしかに彼は修行して覚りを開いたが、では出家以前の悪業の果報はどうなるのか。「何人も殺しておきながら、何のお咎めもなく、覚りを開いて解脱しました。めでたしめでたし」では、人生に意味を求める多くの人々の納得は得られない。では当時の仏教徒はこれにどう対処したのか。これについては後ほどあらためて取り上げる。

ではつぎに、マウドガリヤーヤナ（目連）の人生をみてみよう。彼はシャーリプトラ（舎《しゃ》利《り》弗《ほつ》）と並んでブッダの二大弟子と言われたほどの人物であるが、仏教教団の拡大に伴い、それを妬んだ外道たちがブッダ殺害に先立ち、二大弟子の一人であるマウドガリヤーヤナに的を絞って殺害を企てた。外道たちに雇われた浮浪人たちは、山中で修行をしていたマウドガリヤーヤナを取り囲み、瓦石《がしゃく》をもって散々に打ち据えた。すると、彼の皮は破れ、肉は裂け、骨も砕けて、一塊の肉団と化し、殺害されてしまった（山邉［1984］）。他の伝承もあるが、虐殺されたという点では共通する。

さて、人々はこの話を聞いてどう感じるだろうか。アングリマーラとは正反対の違和感を覚えるに違いない。アングリマーラの場合は、悪人が苦果を経験しなかったという違和感、マウドガリヤーヤナの場合は、善人が強烈な苦果を経験したという違和感である。意味を求める人間にとって、この二つはこのままでは説明がつかない両極端の事例である。では仏教徒はこれを意味づけるために、どのようなストーリーを創造したのか。それを説明するのが仏教の業思想なのである。

業思想：不条理な現実の説明原理

仏教の根本思想は「縁起《えんぎ》」である。縁起とは「縁《よ》って起こること／何かを縁として起こること」を意味する。つまり、すべてのものは他者に依存して存在しているのであり、それ自身単独で、何の助けも借りずに存在しているものはないというのが縁起の意味である。これは時間と空間の両面に当てはまる。空間的側面については後ほど説明するとして、ここでは時間的な側面から縁起を考えてみよう。

たとえば、「花が咲く」という場合、種を蒔き、水をやり、日光が降り注ぐという原因によって、花が咲くという結果が生起《しょうき》する。厳密に言えば、種は直接的原因（因）、水や日光は間接的原因（縁）と区別するが、ともかく、この因と縁とが和合して、花が咲くという結果が生じる。また花が咲くという結果は将来の果実がなるという結果の原因ともなる。こうして因縁和合して結果が生じ、その結果は新たな因となって、将来の結果を生むことになる。よって縁起論は因果論と置き換えることができる。

これを踏まえ、業思想を縁起（因果）で考えてみよう。これは一般に「善因善果・悪因悪果」と表現されるが、この表記は正しくない。「善い行為を原因として善い結果があり、悪い行為を原因として悪い結果がある」というのは、一見して正しいように見えるが、仏教では行為（業）に善悪は認めるものの、結果に善悪は認めない。よって、これを正しく表現すれば「善因楽果・悪因苦果」となる。つまり、「善い行為を原因として〝楽しい（好ましい）〟結果があり、悪い行為を原因として〝苦しい（好ましくない）〟結果がある」となる。その理由については本章の最後で解説するとして、つぎに進もう。

では、仏教において何が善業《ぜんごう》であり、何が悪業であるのか。初期仏教においては一応の目安として十善業／十不善業が設定されている。ここでは十不善業を列挙するが、その逆が十善業となる。

①殺生《せっしょう》：生物の命を奪うこと
②偸盗《ちゅうとう》：他者のものを盗むこと
③邪淫《じゃいん》：邪な性関係に耽ること
④悪口《あっこう》：人の悪口を言うこと
⑤妄語《もうご》：嘘をつくこと
⑥両舌《りょうぜつ》：二枚舌を使うこと
⑦綺語《きご》：無駄なお喋りをすること
⑧貪欲《とんよく》：貪《むさぼ》りの心を持つこと
⑨瞋恚《しんい》：怒りの心を持つこと
⑩邪見《じゃけん》：誤った見解を持つこと

しかし本質的に善悪の基準となるのは、その行為が楽しい（好ましい）結果をもたらすのか、苦しい（好ましくない）結果をもたらすのかで決まる。つまり結果論ということになるのである。経典『ダンマパダ』の文言を紹介しよう。

行った後に、後悔して、顔に涙を浮かべつつその果報を受くれば、かくの如き業は善く為されたものにあらず。しかし、行った後に、後悔せず、嬉しく喜んでその果報を受くれば、かくの如き業は善く為されたものなり。

結果として苦をもたらした業は悪、楽をもたらした業は善というように、結果から行為の善悪を判断するというのが仏教の基本的な善悪の基準設定なのである。

さらにここで業思想と並んで説明すべきは、輪廻《りんね》思想である。業思想は善悪や苦楽とセットであるが、輪廻思想とも深く関連する。ブッダ自身が輪廻を積極的に認めたかどうかは不明だが、並川［2005］はブッダが輪廻を問題にしなかった可能性が高いと指摘する。しかし仏滅後、仏教教団は輪廻を前提に仏教教理を体系化していった。

もしも輪廻を認めないなら、人生は生まれてから死ぬまでの期間に限定され、不条理な人生（悪人が栄え、善人が滅びる）は説明がつかなくなる。だが輪廻を前提にすると、不条理な人生は一気に条理を取り戻す。悪人が悪業の果報（苦果）を経験せずに死んでも、死後には過酷な地獄の苦しみが待っている、また善人が善業の果報（楽果）を経験せずに死んでも、死後には甘美な生活が待っている、と考えれば、この過酷な現実にも生きる意味や希望を見いだすことができよう。

ただし、業思想には差別を助長する危険性もあるので、注意を要する。善良な人が苦を経験した場合、「あの人は過去世《かこぜ》で悪業を積んだから、今、苦しんでいるのだ」と当人の苦を正当化し、悪人扱いすることにもなる。当人自身が自らの苦果を腹に納めるために、過去世での悪業を持ち出すのはかまわないが、それを第三者が当人に押しつける場合は問題だ。過去の業について説明できるのはブッダだけであり、覚ってもいない凡人が軽々しく口にすべきではない。業思想は諸刃の剣なのである。

不条理から条理へ

さきほど取り上げたアングリマーラとマウドガリヤーヤナの不条理な人生が、業思想によってどのように条理を取り戻すかをみてみよう。まずはアングリマーラから。

アングリマーラの場合、厄介なのは彼が覚りを開いて、輪廻から解脱している点だ。彼の場合は解脱しているので、輪廻思想をベースに「死後に地獄の苦を経験した」という話は創作できないのである。では当時の経典編纂者はこの問題にどう対処したのか。まずは、初期経典をみてみよう。

覚りを開いたアングリマーラが出家者《しゅっけしゃ》の常として托鉢《たくはつ》していたとき、他者が投げた土塊《つちくれ》・棒・小石が当たり、体に傷を負ってしまう。偶然当たったというよりは、彼の以前の悪業を忌々《いまいま》しく思っていた者たちが故意に投げつけたのであろう。これにより、アングリマーラは頭が割られ、血が滴り、鉢は壊れ、大衣《だいえ》は大破してしまった。アングリマーラがブッダのもとに帰ると、ブッダはつぎのように言って彼を慰める。

「バラモンよ、汝は耐えよ。バラモンよ、汝は耐えよ。バラモンよ、数年・数百年・数千年もの間、汝は地獄で煮られるべき業の果報を現世で受けているのだ」

頭に大怪我を負ったとはいえ、これを地獄で数千年煮られる苦果と同一視するには無理があるが、阿羅漢に死後の生がない以上、このような記述が限界である。この他にも賢愚《けんぐ》経《きょう》は、アングリマーラが地獄の火に焼かれたという話を創作することで、彼の苦受を説明する。「石や棒で殴られる」よりは「地獄の火で焼かれる」方が、殺人という悪業の苦果にふさわしいが、ここまでくると逆に現実味を欠く。

いずれにせよ、阿羅漢になって後生《ごしょう》がないとすれば、すべての悪業を清算するのは〝この世（現世）〟でしかありえないので、死ぬ前に「石や棒で殴られる」とか「地獄の火で焼かれる」という話が創作されたと考えられる。

つぎに、マウドガリヤーヤナのケースをみていこう。これも諸説あるが、彼の苦果を過去の悪業で説明する点では共通する。現世の業に関して非の打ちどころがなければ、その苦果の原因は過去の悪業に求めるしかない。

弟子たちがマウドガリヤーヤナの非業の死について噂をしていると、それを耳にしたブッダは彼らにこう告げた。「彼は前生において妻に教唆《きょうさ》され、盲の父母を林中に捨てたが、その帰路、ある追い剝ぎの仕草に感染して、ついに両親を殺し、その屍を藪の中に捨てた。この業の報いとして、彼は長く地獄で苦を受け、この世では覚りを開いたが、その業の残余により、そのような死を遂げたのである」と（山邉［1984］）。

このように、当時の仏教徒も、不条理な人生を何とか条理の範囲内で理解しようとし、合理的な物語を創造することで人生に生きる意味を見いだそうとしたのである。

苦：仏教を理解するキーワード

宗教を理解する鍵概念は人によって違う。キリスト教は「愛」かもしれないが、仏教はどうか。広汎《こうはん》な思想を展開する仏教を一つや二つの単語で表現すること自体、無理と言えば無理だが、私は躊躇《ちゅうちょ》なく「苦」を挙げる。仏教とは「苦からの解脱を目指す宗教」と定義できるので、「苦」は間違いなく仏教を理解する鍵概念の一つなのである。

では、仏教において苦はどう分析されるのか。ここでは「四苦八苦《しくはっく》」を簡単に紹介しよう。四苦八苦は日本語としても定着しているが、まずは「四苦」から説明する。これは「生《しょう》・老《ろう》・病《びょう》・死《し》」の四つを苦ととらえることだ。最初の「生」はさておき、老・病・死が苦であることは説明を要しないであろう。老いること、病になること、そして死ぬことは誰にとっても苦である。

なぜ老・病・死を苦と感じるのか。それは「執着」と深く関係している。つまり「若さ」に執着するから「老い」を苦と感じる。同様に「健康」に執着するから「病」を、そして「生命」に執着するから「死」を苦と感じてしまう。とすれば、「若さ・健康・生命」に対する執着を捨てれば、「老・病・死」を苦と感じることはない。つまり、苦をもたらす根本原因は、老・病・死という外的事実ではなく、「若さ・健康・生命」に執着するという、我々の内的な心にあった。だから、仏教は修行で我々の心そのものを変革し、苦からの解脱を目指す。

最後になったが、では「生（生まれること）」がなぜ苦とみなされるのか。これについて仏典は明確な答えを用意していない。資料によっては「産道を通るときの苦」と説明するが、本質的な答えではない。よって、ここでは「生まれることを原因として老・病・死の苦が始まるから」、あるいは「輪廻からの解脱を目指す仏教において、誕生は新たな苦の人生の出発となるから」と理解しておく。

ではつぎに「八苦」。これは四苦とは別に八苦があるのではなく、四苦を含めて八苦という意味であるから、新たに追加される苦は四つである。その内容はつぎのとおり。

- 愛別離苦《あいべつりく》：愛する者と別離する苦
- 怨憎会苦《おんぞうえく》：怨み憎んでいる者と会う苦
- 求不得苦《ぐふとっく》：求めても得られない苦（＝欲しいものが手に入らない苦）
- 五蘊盛苦《ごうんじょうく》：五蘊（人間の身心を構成する五つの要素）が盛んに活動することによって生じる苦（＝前の七苦を総括する苦）

この新たな四苦も、もとをただせば、我々の心の持ち方次第でなくすことができる。愛する者に対する執着、怨み憎んでいる者に対する憎悪の心、欲しい欲しいという貪りの心などを制御すれば、これらの苦はなくなるからである。そしてその苦は過去の悪業（煩悩《ぼんのう》に基づく業）によってもたらされていると考えるのが仏教の業論なのである。

代受苦《だいじゅく》：菩薩の生き方

仏教は長い歴史の中で大きな変貌を遂げたが、その変貌の一つが大乗《だいじょう》仏教の興起《こうき》である。出家者しか覚りに至ることができないとする伝統仏教に反旗を翻し、大乗仏教は誰でも成仏が可能であることを標榜した。その担い手は「菩薩」と呼ばれる。菩薩とは「覚りを目指す衆生《しゅじょう》」を意味し、伝統仏教では覚りを開くまでのブッダの呼称、つまり固有名詞であったが、大乗仏教はブッダを模範として覚りを目指す者は誰でも菩薩であると考えたので、大乗仏教では普通名詞となる。

大乗仏教の理想、そして菩薩の理想は「利他行《りたぎょう》」にある。つまり、自分の覚りは後回しにして、他者を覚りの岸に渡そうと尽力する。だから、他者が苦しんでいるのを見れば、菩薩は放っておけない。維摩経《ゆいまぎょう》の有名な句に「衆生病むが故に我れ病む。衆生癒《い》ゆるが故に我れ癒ゆ」がある。まさに他者と共感し、他者に寄り添ってともに苦しみ、ともに喜ぶのが菩薩なのである。

よって、菩薩は自らが身代わりになって他者の苦を受けるという「代受苦」の思想が誕生した。他者の苦を喜んで引き受けるというのである。そうすることで、他者の苦痛が和らぐからだ。それもいやいやするのではなく、菩薩行《ぼさつぎょう》として喜んで実践する。それは単なる自己犠牲ではない。その行為は自分の覚りに資するからだ。

しかし、よく考えてみると、この代受苦の思想は自ら為した業の果報（苦果）を他の誰か（菩薩）が肩代わりするのであるから、自業自得という伝統仏教の大原則を破るものである。なぜそのようなことが可能になるのか。思想的な根拠を探ってみよう。

仏教の根本思想が縁起であることはすでに指摘した。そして縁起には時間的側面と空間的側面があることもすでに指摘した。大乗仏教の時代を迎えると、この空間的側面の縁起が深く掘り下げられていき、「空《くう》」の思想として生まれ変わる。空は縁起と別物ではなく、同じ内容を別の表現で表しただけのものである。

たとえば「私（平岡）」という存在を例に考えてみよう。私はどのような存在かというと、それはどこから私を見るかで異なる。たとえば、両親から見れば（＝両親を縁として）私は「息子」だが、妻から見れば「夫」であり、また子どもから見れば「父」である。このように、さまざまな条件を〝縁〟として私に異なった属性が生〝起〟する（縁起）。私は絶対的に「息子」ではない。もしもそうなら、妻から見ても子どもから見ても、私は息子でなければならないが、実際はそうではない。つまり私の本性は「空（空っぽ）」であり、空であるからこそ、時には「息子」と呼ばれ、また「夫」や「父」とも呼ばれうる。

このように、私という存在は両親・妻・子どもの関係において存在している（大学に出校すれば、学生からは教員という属性も生起する）ので、私は私だけで完結しない。だから、私は他者から影響を受け、また他者に影響を与える存在でもある。ここに自業自得を超える根拠がある。縁起や空を持ち出さずとも、誰かがいるだけで場が和んだり、逆に場が強《こわ》ばることもあるが、それはすべてが縁起で関係しあい、縁起という関係性の糸を通して何らかの感情が行き来しているのだ。

苦に話を戻そう。現在、私が経験している苦も時間的な縁起という視点でみれば、その苦の原因は過去の悪業に求めるしかなく、結果として自己責任となる。そこには他者が入り込む余地はないからだ。しかし、現在の苦を空間的な縁起という視点からみれば、違う構図が見えてくる。他者との関係性の中で、その苦に自己以外の者が影響を与える可能性が開けるからだ。カウンセリングなどはその好例であろう。

大乗仏教の経典も長い年月をかけて創作されたが、その最初に成立したのが般若《はんにゃ》経類である。そして、この般若経類の中心思想が「空」なのである。この空思想により、代受苦の根拠も示されたが、空思想の功績はそれに留まらない。レジリエンスを考える上でもこの空思想は極めて重要なので、つぎにその点を確認していこう。

空思想と苦

空思想は単にモノの実体を否定する思想ではない。空思想はモノには実体が「ある／ない」という存在論を弄《もてあそ》んでいるのではないのである。本書で仏教を「苦からの解脱《げだつ》を目指す宗教」と定義したが、これを踏まえれば、空思想の意義は「苦も空」の根拠を示す点にある。つまり、苦はなくせるのだ。この点を押さえないと、空は単にモノの実体の「あり／なし」を論じる存在論に堕してしまう。

空は実体を否定する思想であるから、〝苦しい〟という現実も「苦」以外の属性を付与することが可能になる。考え方次第で（＝視点をずらせば）苦は苦でなくなるのである。それを端的に示す説話を紹介しよう。ブッダには十大弟子がいたとされる。智慧《ちえ》第一のシャーリプトラ（舎利弗）や神通《じんずう》第一のマウドガリヤーヤナ（目連）は有名だが、その中にプールナ（富楼那《ふるな》）という弟子がおり、説法第一として知られていた。

ブッダの教導で出家し、覚ったプールナは伝道の旅に出る決意をし、それをブッダに告げて許可をもらおうとするが、彼が伝道の地と定めた国は残忍な者たちが住むことで有名だった。それを聞いたブッダは「その地方の人々は残忍であり凶暴であるから」という理由でプールナを引き留めようとする。そのときの二人のやりとりを簡略に示す。
ブッダ「彼らは残忍で凶暴だ。彼らが面と向かってお前を罵倒したら、お前はどうするつもりだ」
プールナ「〈彼らはなんと優しいのだ。彼らは面と向かって罵倒するが、手で殴ったりしない〉と考えます」
ブッダ「では彼らが手で殴ったら、お前はどうするつもりだ」
プールナ「〈彼らはなんと優しいのだ。彼らは手で殴るが、刀で斬りつけたりしない〉と考えます」
ブッダ「では彼らが刀で斬りつけたら、お前はどうするつもりだ」
プールナ「〈彼らはなんと優しいのだ。彼らは刀で斬りつけるが、完全に私の命を絶ったりしない〉と考えます」
ブッダ「では彼らが完全にお前の命を絶ったら、お前はどうするつもりだ」
プールナ「〈彼らはなんと優しいのだ。彼らは私をこの不浄な肉体から苦労せずに解放してくれる〉と考えます」
ブッダ「プールナよ、素晴らしい。お前はそこに行くことができよう」

こうしてブッダはプールナを称讃し、そこに行くことを許可した。ここでのブッダの問いは実際の問いではなく、彼の決意の固さを試すために故意になされたもので、常識的な一般人を代表している。ここに、世間的な視点と出世間的な視点の違いが見事に浮き彫りにされている。このように視点をずらせば、過酷な現実も喜ばしい現実に変わりうることを、この説話は如実に提示していると言えよう。それが可能なのも物事には実体がないからであり、空であるからいかようにも解釈しうるのである。

もう一つ例を挙げよう。ボトルにワインが半分入っている。これをどう表現するか。「ボトルの半分にワインが入っている」と、価値中立的に表現することも可能である。一方、「ボトルにワインがもう半分しか入っていない」と悲観的にみることもできるし、「ボトルにワインがまだ半分も残っている」と楽観的にみることもできる。これは「どの見方が正しい」というのではなく、視点によって表現が異なることを意味している。

ではこれを踏まえ、さきほど棚上げにしておいた「善因楽果・悪因苦果」の説明をしよう。なぜ「善因善果・悪因悪果」ではなく「善因楽果・悪因苦果」なのか。たとえば、殺人を犯して捕まり、死刑を宣告されたとする。殺人という悪業の果報として死刑は苦果にふさわしい。ではなぜ死刑が「悪果」でないのか。それは、人によっては死刑を宣告されたことを機縁に自らの悪業を反省し、真人間に生まれ変わることもできるからだ。

これは極端なケースだが、手を抜いたり努力を惜しんだりしたせいで、辛く苦しい結果を受けた経験は誰にでもあるだろう。だが、それを真摯に反省し、再発防止に努め、その結果、成功を収めることもある。とすれば、その結果を「悪果」とは呼べない。つまり結果自体は無色透明で「善悪」の価値を含まない。問題はその結果を、楽果であれ苦果であれ、我々がどうとらえるか、つまり生かすか殺すか、ここがポイントなのである。すべては空であり実体はないのであるから、どのようにも解釈可能なのである。

序章でレジリエンスを説明した際、レジリエントな人が持つ三つの能力を紹介したが、その二番目「「人生には何らかの意味がある」という強い価値観によって支えられた、確固たる信念」を挙げた。この空思想こそ、どんな苦しみを経験しても、そこに意味を見いだし、自分の人生を意味づける物語を創造する原動力となる。これからみるように、日蓮も苦のどん底から這い上がる素晴らしい物語を次々に創造していった。

第二章　日蓮の生涯と思想

本章では、日蓮のレジリエンス理解の前提となる日蓮の生涯と思想について簡略に説明する。さきほどの「仏教の業思想」と本章との内容をしっかりと押さえておくことで、本題となる日蓮のレジリエンスをより深く理解することができる。もう少しだけ辛抱し、本題の前提となる内容にお付き合いいただきたい。

生涯

一二二二年、日蓮は安房国長狭郡東条郷片海《あわのくにながさごおりとうじょうごうかたうみ》（千葉県鴨川市小湊）に「海人《あま》が子」として誕生し、薬王丸《やくおうまる》と名づけられた。父の名前については諸説あり、母は梅菊《うめぎく》と言われているが、一説によれば、海人とはいっても文筆能力を併せ持った有力漁民の出自と考えられており、荘官的な海人の家に生まれたので、教育に対する意識は高く、一二歳のとき故郷の清澄寺《せいちょうじ》に登り、一六歳で出家した。

幼少期から探求心が強かった日蓮だが、清澄寺は彼の探求心を満足させることができず、一八歳にして清澄寺を去り、遊学することを決める。このとき彼が選んだ遊学先は鎌倉であった。鎌倉遊学後、いったんは故郷に戻るが、出家時の所願《しょがん》「日本第一の智者」たらんことを果たすべく、求道《ぐどう》に燃える日蓮は京畿《けいき》を中心に、一〇年にも及ぶ研鑽を重ね、比叡《ひえい》山《ざん》での天台教学に加え、真言密教や儒教も学んだ。

その後、故郷の清澄寺に戻ると、三二歳で法華信仰を説きはじめ（立教開宗《りっきょうかいしゅう》）、浄土教を批判したので、東条郷の地頭《じとう》で浄土教の信者であった東条景信《とうじょうかげのぶ》の武力を恐れ、師の道善《どうぜん》房《ぼう》は日蓮を清澄寺から追放せざるをえなかった。

追放された日蓮はふたたび鎌倉を訪れ、松葉ヶ谷《まつばがやつ》に草庵を構えて『立正安国論《りっしょうあんこくろん》』を著すと、それを前の執権である北条時頼《ほうじょうときより》に上呈したが黙殺され、草庵は浄土教信者に焼き打ちされた（「松葉ヶ谷法難」）。さらに翌年には伊豆への流罪に処せられた（「伊豆法難」）。これが公権力による最初の弾圧である。二年で流罪が許され、故郷で新たに布教活動を行ったが、東条景信が日蓮を襲撃する事件が起きた。これを「小松原法難」という。

法難はさらに続く。一二七一年、旱天《かんてん》が続いたため、真言律宗《しんごんりっしゅう》の忍性《にんしょう》は幕府に祈雨を任された。しかし祈禱に失敗し、それを日蓮が批判したため、忍性は日蓮を幕府に讒言した。これがきっかけで日蓮は佐渡への流罪を言い渡されるが、佐渡へ向かう前に竜口《たつのくち》（現在の江ノ島あたりにあった刑場）で首を切られそうになった。これを「竜口法難」という。ここで奇跡が起き（後述）、からくも斬首を免れた日蓮は佐渡に送られ、寒さと飢えの厳しい生活を強いられる流謫の生活が始まったが、まさにこの過酷な環境の二年半こそ、日蓮の思想や教学をさらに深化させることになる。

日蓮が流罪を解かれ、鎌倉に帰還したのは、一二七四年、五三歳のときであった。日蓮は幕府に三度目となる諫暁《かんぎょう》（信仰の誤りをただすこと）を申し入れたが、これも受け入れられず、身延山《みのぶさん》（山梨県南巨摩郡《みなみこまぐん》。現在、日蓮宗総本山久遠寺《くおんじ》の所在地）に赴いた。それ以降、日蓮は体制志向者から反体制者へと態度を変容させていく。

一二七九年には、駿河国富士郡熱原《するがのくにふじぐんあつはら》（静岡県富士市厚原《あつはら》）で日蓮の門弟に弾圧が加えられ、信徒二〇名が幕府に捕らえられると、そのうち三名が斬首された。これを「熱原法難」という。この法難でも、日蓮は体制側と真正面から対峙する姿勢を示した。

小松原法難以降、さまざまな法難を経験した心労も重なってか、日蓮は一二七七年歳末から下痢に悩まされはじめる。以降は長患いと回復とを繰り返したが、一二八二年九月、湯治のため、常陸《ひたち》の湯に向かった。身延山入山以来、このときはじめて日蓮は山を下りたのである。しかし日蓮の病は回復することなく、翌一〇月一三日、六一歳のとき、旅の途中に立ち寄った武蔵国池上《むさしのくにいけがみ》信者の館（東京都大田区池上、現在、日蓮宗大本山池上本門寺《いけがみほんもんじ》の所在地）で、日蓮は激動の人生を終えた（平岡［2021］）。

法華経の思想

日蓮の思想は妙法蓮華経（＝法華経）を抜きには語れない。というのも、日蓮が最後にたどり着いた行は「唱題《しょうだい》」、すなわち法華経の題目《だいもく》を称える「南無妙法蓮華経（妙法蓮華経に南無（帰依《きえ》）すること）」であるからだ。数ある大乗《だいじょう》経典を差し置いて、日蓮が絶対的な帰依を表明する法華経とはいかなる経典なのか。論じるべき思想は多々あるが、ここでは一乗《いちじょう》思想、方便《ほうべん》、久遠実成《くおんじつじょう》、そして迹門《しゃくもん》と本門《ほんもん》の四点に絞って解説する。

①一乗思想

紀元前後、インドでは般若《はんにゃ》経類を皮切りに新たな経典が次々に創作された。その中心思想は空思想であり、また大乗仏教の担い手は自らを「菩薩」と称したので、菩薩思想も大乗経典の主要なテーマとなった。ここでは大乗経典における法華経の位置づけを明確にするために、菩薩思想に絞って紹介しよう。

大乗仏教は伝統仏教に対抗する形で誕生したので、自らの立場である「菩薩乗《ぼさつじょう》」を称揚するために、従来の仏教徒のあり方を「声聞乗《しょうもんじょう》／独覚乗《どっかくじょう》」として批判した。声聞乗とは

「ブッダの教え（声）を聞いて覚りを目指す者」、独覚乗は「誰にも師事せず単独で覚りを目指す者」を意味するが、大乗教徒はこの二つのあり方を批判し、自分たちの菩薩乗こそが理想の仏教徒のあり方であるとした。

この声聞乗・独覚乗・菩薩乗という三つのあり方を「三乗」といい、声聞乗・独覚乗の二乗を「小乗《しょうじょう》（出家者しか覚りの岸に渡れない小さな乗物）」と蔑称し、菩薩乗こそ「大乗（出家・在家にかかわらず、菩提心〈覚りたいという心〉を起こした者は誰でも覚りの岸に渡れる大きな乗物）」だとして、従来の仏教との差別化を図った。

その急先鋒が般若経や維摩経であり、とくに維摩経は小乗の二乗を「敗種（腐って芽をふく可能性のない種）」とまで言い放つ。たしかに「菩薩乗vs.二乗」や「大乗vs.小乗」という構図はわかりやすいが、「大乗vs.小乗」は矛盾を孕む。大乗仏教はすべての衆生に成仏の可能性を認めていながら、小乗を排斥すれば一切衆生《いっさいしゅじょう》を含む「大きな乗物」にはなりえないからだ。最初期では自らを菩薩と称し、旧仏教を批判することで自分たちの新たな存在意義を打ち出すことには成功したが、それは同時に自分たちの教えの普遍性を自ら否定する結果となった。この反省のもとに出現したのが法華経だ。

このような般若経や維摩経の大乗は小乗を見捨てる大乗となるので、法華経は真の大乗を目指して新たな三乗観あるいは大乗観を提示した。それが「一《いち》（仏《ぶつ》）乗《じょう》」という考え方である。では、法華経は二乗と菩薩乗（あるいは一仏乗）の関係をどう考えるのか。これについては法華経の第七章「化城喩品《けじょうゆほん》」の有名な譬喩《ひゆ》を紹介しよう。

隊商主は大きな隊商を引き連れて宝島に出発したが、その途中で大きな森林荒野が現れ、隊商はそれを見て引き返そうとする。しかし隊商主は神通力で都城を化作《けさ》し、とにかくその都城まで行くよう彼らを励まし、同じ手順で順次、彼らを励まし見事にゴールへと誘導する。この譬喩を手がかりに、法華経と般若経の三乗の関係を比較してみよう。

般若経は小乗（声聞・独覚）を否定して大乗を説く。道に喩えるなら、二本の分かれ道があって、一つは小乗に通じる間違った道だが、もう一つは大乗に通ずる正しい道であるとする。一方、法華経の場合、道は最初から一本しかない。つまり、声聞乗とか独覚乗とか言われるのは、その一本しかない道の「通過点」にすぎず、そこを「最終的なゴール」と見誤ることの非が説かれるので、その道自体が間違っているわけではない。

成仏するには、般若経の場合、誤った道を進めば、分岐点まで引き返して正しい道を歩み直さねばならないが、法華経の場合、道は最初から一乗という一本道しかないので、その途中で止まることなく、その道を歩ききることが求められる。問題は、般若経の場合、誤った道を進むこと、法華経の場合、化城（通過点）を真城《しんじょう》（ゴール）と見誤ることとなる。

般若経や維摩経は菩薩乗と二乗とを別立てするが、法華経は二乗（小乗・大乗）乃至《ないし》三乗

（声聞・独覚・菩薩）を一（仏）乗に包摂する。「大小対立の大乗」を説く般若経や維摩経の大乗に対抗すべく、「大小の対立を超克《ちょうこく》する大乗（一（仏）乗）」を法華経は目指した。

②方便

ではつぎに、法華経の二つ目の特徴である「方便」についてみていこう。さきほど取り上げた「化城喩品」の譬喩も方便思想に基づいている。化城とは真のゴールに導くための方便として作り出されたからだ。「嘘も方便」と言うが、単なる嘘は方便ではない。それは必ず「真実に導く」という目的があってはじめて成立するものである。それはさておき、法華経の第二章「方便品《ほうべんぼん》」と第三章「譬喩品《ひゆほん》」とを手がかりに解説する。

「方便品」の骨子をまとめると、「シャーリプトラに三度説法を懇願されたブッダは説法を決意し、如来は巧みな方便を用いて三乗を説いたが、実際は仏乗という一乗しかないことを告げる」ということになる。まずはブッダ自身が語る言葉を紹介しよう。

「如来は一切知者たることを究極の目的とする如来の乗物についてだけ説法する。必要に応じ、巧みな方便で、それを三つの乗物に分けて説く。それゆえに、存在するのはただ一つの乗物、すなわち仏の乗物（一仏乗）だけである。（中略）私が菩提樹《ぼだいじゅ》の元で覚りを開いたとき、一時は説法せずに般涅槃《はつねはん》すべきであると思ったが、梵天《ぼんてん》が懇願したので、私自身も過去の如来が巧みな方便を用いて説法したことを思い起こし、まずは三乗に分けて説法することを決意すると、十方の如来もそれを称讃した」

たしかにブッダは三乗に分けて説法したが、それは方便で説いただけで、究極的には一仏乗しかないと言う。この法華経の説法はブッダが涅槃に入る直前になされたが、これまで説いてきた教えはすべて方便であり、この法華経の説法こそが真実の教えの開陳であると明言する。ではなぜ最初から一仏乗である法華経を説かずに、二乗のさまざまな教えを説いたのか。これに答えるのが、つぎの第三章「譬喩品」だ。

ブッダは「三者火宅《さんしゃかたく》の喩《たと》え」でこれを説明する。これは、火事に気づかず家の中で遊ぶ三人の子どもたちを、父が巧みな方便で救出するという話だ。子どもたちの好みを熟知していた父は、それぞれの子に、羊車《ようしゃ》・鹿車《ろくしゃ》・牛車《ごしゃ》を示して火宅の外に誘い出し、無事に救出すると、父は羊車・鹿車・牛車ではなく、その三車よりもはるかに素晴らしい大白牛《だいびゃくご》車《しゃ》をすべての子どもに与えた。

ここでは、羊車は声聞乗、鹿車は独覚乗、牛車は菩薩乗、そして大白牛車は一仏乗に喩えられている。最初から大白牛車を提示しても子どもたちの興味を引かないと判断した父は、まず彼らの好みに応じた車で火宅の外に誘い出し、その後でようやく本来の目的である大白牛車を与えた。ブッダが方便として二乗の教えをまず説いたのも、これと同じ理屈であるという。

③久遠実成

久遠実成をテーマにするのは法華経の第一六章「如来寿量品《にょらいじゅりょうほん》」であり、その内容は「自分の寿命は久遠であり、実は遠い昔に覚りを開き、衆生を教化し続けてきたが、涅槃を示すのは、衆生に緊張感を持たせ、衆生を仏道に覚醒せしめ、発奮させるための方便である」と要約できる。この点をブッダ自身の言葉から、さらに敷衍《ふえん》してみよう。涅槃に入る理由は、つぎのように説明される。

「私がきわめて長いあいだこの世に存在し続けると、衆生は私にいつでも会えることで、衆生は善根《ぜんこん》を積まず、福徳を欠き、貧窮し、愛欲を貪り、盲目となり、邪見の網に覆われ、〈如来はいつもおられる〉と考えて、彼らの私に対する感覚が麻痺することがないように、また如来について会いがたいとの思いを起こさないということがないように、さらに〈我々は如来の近くにいる〉と考えて三界から出離《しゅつり》するために精進努力を起こさなかったり、如来は会いがたいという思いを起こさなかったりということがないように、である」

これを説明するために「良医病子《ろういびょうし》の喩《たと》え」が説かれる。あるところに子宝に恵まれた良医がいたが、彼の留守中、子どもたちが毒を飲んで苦しんでいた。帰ってきた良医は良薬を調合して子どもたちに与えると、素直に服用した子どもがいた反面、それに従わなかった子もいた。そこで良医は一計を案じ、良薬を残すと自分は外国に行き、使者を使わして「父は死んだ」と子どもたちに告げさせた。父の指示に従わなかった子たちはそれを聞いて嘆き悲しみ、本心を取り戻すと、父が残した良薬を服用し、無事に回復した。子どもたちが皆、回復した時点で良医は家に戻ってきた。

このように、ブッダが涅槃に入る姿を示すのも方便であり、実際にブッダの寿命は無量であるという。

④迹門と本門

法華経の構造あるいは構成をどう考えるかはさまざまだが、後代に大きな影響を与えたのが智顗《ちぎ》の「本迹二門説《ほんじゃくにもんせつ》」だ。法華経（鳩摩羅什《くまらじゅう》訳）は全部で二八章からなるが、このうち前半の一四章を迹門、後半の一四章を本門と分類する。迹門とは垂迹《すいじゃく》の仏（衆生を教化するために方便としてさまざまな仮の姿を現した仏）が説いた教え、本門とは久遠実成の仏（本来の姿の仏）を明かす教えを意味する。

迹門では、法華経が三乗すべてを統合する一仏乗の法門であること、また誰でも成仏できることなどが説かれる。一方の本門では、仏の本来の姿は歴史的な存在に留まらず、久遠の昔にすでに成仏していたのであり、過去・現在・未来の三世に亘って尽きることなく衆生を利益し続ける存在であると説かれる。

この智顗の解釈は、宗学者のみならず、研究者にも多大な影響を及ぼしたため、学問的かつ歴史的に法華経の成立や構造を理解することを妨げたことは否めない。智顗の解釈はあくまで中国仏教の文脈で生まれたものであり、それをインドで成立した法華経理解に持ち込むことは本末転倒である。法華経をあくまでインド仏教の文脈で読み解けば、仏伝文献としての姿が浮かび上がり、本門・迹門の二部ではなく、過去物語・現在物語・未来物語の三部構成として理解できることを書き添えておく（平岡［2012］）。

法華経の中国的解釈

インドで誕生した法華経の中国的展開についてもみておこう。というのも、日本の法華思想および天台教学は、中国的に変容した法華経の理解に基づいているからだ。日蓮も比叡山で学んだのであるから、中国の天台教学も視野に入れておく必要があるが、そのすべてを網羅することはできないので、ここでは、今後の展開で必要な五時《ごじ》教判《きょうはん》についてのみ解説を加える。

インドで成立した経典は初期経典から大乗経典まで多岐に亘る。経典は最初、話し言葉で伝承されたが（口伝《くでん》）、紀元前後、経典が書写されるようになると、経巻として持ち運びが可能になり、インドから中央アジアを経て中国にもたらされるようになった。その際、経典は成立した年代順に中国に将来されたのではなく、成立の順不同でもたらされたので、内容の異なる経典を、何らかの基準で整理し、体系化する必要があった。これを「教相判釈《きょうそうはんじゃく》（経典の教えを、その内容〔相〕によって判断し解釈すること）」、略して「教判」と言う。

ここで大事なのは、この教判が純粋に客観的（歴史的）な判断ではなく、教判する者の主観に基づき整理体系化されたという点だ。よって、その教判は教判者の仏教観を色濃く反映していることになる。たとえば、浄土教家の道綽《どうしゃく》は「聖道門《しょうどうもん》と浄土門」という教判で経典（そして仏教）を整理し、聖道門（この世において覚りを目指す教え）よりも浄土門（来世で極楽に往生してから覚りを目指す教え）を優れた教えであるとした。

では、中国の天台教学を大成した智顗はどのような教判を展開したのか。それが「五時《ごじ》八教《はっきょう》の教判」だ。ここでは「五時」のみに絞って説明する。中国にもたらされた経典の大半は大乗経典であるから、長年に亘って創作された多彩な大乗経典をどう位置づけるかが問題になる。道綽の教判は「聖道門と浄土門」というざっくりとした分類であったが、智顗はブッダの成道《じょうどう》から入滅までに説法した期間を五つの時期に分類する。

ここで、その内容を確認してみよう（中村［1981］）。

①華厳時《けごんじ》：ブッダがブッダガヤーで覚りを開いてから三週間、菩提樹の下で菩薩たちのために覚りの内容を直接示す華厳経を説いた。これは勝れた能力のある者たちのための教えであり、この教えに従えば、直ちに真理を覚ることができる

②鹿苑時《ろくおんじ》：華厳経の教えを聞いても一般の愚かな者たちはそれを理解できなかった。そこでブッダは彼らを導く方便として、教えの内容を落とし、ベナレスの近くの鹿苑で小乗の教えを説いた。時期としては一二年間、経典としては阿含経《あごんきょう》を説いたので、阿《あ》含時《ごんじ》とも呼ばれる

③方等時《ほうどうじ》：小乗を理解した者たちのために、さらに程度の高い維摩経などの大乗経典を説き、彼らに小乗を恥じて大乗に向かいたいという気持ちを起こさせた。これが八年続いた

④般若時《はんにゃじ》：ブッダはその後、二二年間、般若経を説いて、空の理《ことわり》を覚らせた

⑤法華涅槃時《ほっけねはんじ》：ブッダは最後の八年が経過した後に、法華経を説いて小乗教徒《しょうじょうきょうと》も大乗教徒もともに同じ真理を証得《しょうとく》しうるものであることを明かし、臨終に追補の教えとして涅槃経を説き、仏性《ぶっしょう》（誰もが仏になる可能性を有する）の理を明らかにした

初期経典である阿含経を含め、さまざまな大乗経典を、成道から涅槃まで時系列に沿って智顗なりに整理し体系化したのが、五時の教判ということになる。ここで興味深いのは、最後の法華涅槃時である。

経名からわかるように、涅槃経はブッダの涅槃を扱う経典なので、その後ろに法華経は位置づけられない。こうして法華経は涅槃経の直前に置かれるが、それでは法華経が最後の説法にならない。そこで、法華経が最高の経典であり、それ以上に説示することは残っていなかったが、捃拾教《くんじゅうきょう》（落穂拾いの教え）として涅槃経が説かれたと解釈する。つまり涅槃経は法華経よりも一段低い教えとなり、日蓮もこの考え方を踏襲する。

この智顗の教判も法華経の方便思想を下敷きに成立していることがわかる。つまり、最高の教えは法華経だが、そこに導くために、長い時間をかけて華厳経から始まり、順を追ってさまざまな経典が方便として説かれたというのが智顗の理解なのである。

末法《まっぽう》

日本の鎌倉仏教を考える際、末法思想は避けて通れない。法然《ほうねん》を嚆矢とする親鸞《しんらん》の浄土教は末法なしにはその存在意義を語れないし、また日蓮の仏教も末法という時代背景を欠いては、真の理解には到達し得ない。また、本書のテーマであるレジリエンスに関連する要語「苦」も末法と深く関わる。よって、末法について簡略にまとめておく。

仏滅後、時代が徐々に悪くなるという下降史観はインドから存在していた。伝説によれば、アーナンダの取りなしにより、ブッダは女性の出家を認めたが、女性の出家により、本来なら一〇〇〇年続くはずの正法《しょうぼう》は五〇〇年しか続かなくなってしまったと律蔵《りつぞう》は記す。これを法滅思想という。

さきほど触れた大乗仏教や大乗経典の誕生には、法滅という時代的危機意識も影響している。大乗経典はしばしば法滅に言及し、それと呼応するかのように、新たな大乗経典が正法（サッダルマ）として登場する。法華経の正式名称は「妙法蓮華経（サッダルマ・プンダリーカ・スートラ）」であるから、経名からしてその最たるものだ。これを逆からみれば、大乗教徒たちは大乗経典を創作する根拠（言い訳）として法滅を強調したとも考えられる。これまでの法が滅してしまったのだから新たな法が必要であり、その必要性に応じて大乗経典を創作したというわけだ。

それはさておき、中国仏教ではこの法滅思想をさらに発展させ、三時説が誕生した。三時とは正法・像法《ぞうぼう》・末法の三つを指し、徐々に時代が悪くなることを説く。では三時の各時代はどのように説明されるかというと、以下のとおり。

①正法：正しい教えが存在し（教）、それを実践する人が存在し（行《ぎょう》）、その結果、覚りを開く人がいる（証《しょう》）時代（教・行・証の三つがそろっている時代）

②像法：正しい教えが存在し（教）、それを実践する人は存在するが（行）、覚りを開く人がいない時代（教・行はあるが、証を欠く時代）

③末法：正しい教えのみが存在し（教）、それを実践する人も覚りを開く人もいない時代（教のみあって、行・証を欠く時代）

ではいつから末法の時代に突入したのかというと、日本では一〇五二年が末法元年と考えられた。折しも当時の日本では天災や飢饉が頻発し、仏教の末法思想に現実味を加えたことは想像に難くない。このような劣悪の時代には従来の仏教は通用せず、念仏という易《い》行《ぎょう》にして勝行《しょうぎょう》こそが時機相応（時代と、その時代に暮らす人々にピッタリ合っている）の教えであると主張したのが法然であった。そして法然と世代は異なるが、同じく末法を強く意識し、末法にふさわしい行として唱題を主張したのが日蓮であった。

法然的な立場に立てば、末法は「絶望的な時代の幕開け」となるが、末法の理解はそれほど一義的ではなかった。当時の伝統仏教は末法の危機感を意図的に煽り、末法克服・仏法興隆を大義名分にして経済的保護を朝廷に要請したのである。こうして、中世社会の形成は仏法興隆による危機克服という外皮をまとうことになり、末法を克服して平和を実現するには仏法の興隆と寺院の経済的保護が必要だと説く末法思想が、顕密《けんみつ》仏教の中世的発展のイデオロギー的武器になっていった（平［2017］）。つまり、当時の伝統仏教は末法を自己保身の道具に利用したのである。

このような末法の政治利用は論外だが、日蓮は法然とは対照的な末法観を示す。法然は末法に〝絶望〟を感じたが、日蓮は末法に〝希望〟を見いだそうとした。日蓮は末法こそ、題目が流布する時期と理解したのだ。これを「末法為正《まっぽういしょう》」というが、これについては次章であらためて取り上げよう。

政治と宗教：浄土観の変遷

政治と宗教との関係は、古代インドより重要なテーマであった。中国仏教では廬山《ろざん》の慧《え》遠《おん》が時の権力者である桓玄《かんげん》に対し、沙門《しゃもん》（出家者）は王者を礼する必要はなく、王法に対する仏法の優位を説いた。日本では出家者が為政者にすりより、「王法仏法相依論《おうほうぶっぽうそういろん》」を説き、王法と仏法とが相依って安国《あんこく》が実現することを説いた。鎌倉時代の宗祖によって政治との距離はかなり異なり、法然や親鸞といった浄土教家は政治と距離をとったが、日蓮のスタンスは政治と極めて近かった。では、日蓮の主著『立正安国論』を手がかりに、この問題を考えてみよう。

まずは『立正安国論』の全体像を俯瞰しておく。同書は「客（北条時頼を想定）」と「主人（日蓮）」との会話問答形式で構成され、十段からなるが、その内容は大きく三つに分かれる（末木［2010］）。

①第一段～第三段：災害の理由を一般的に論じる
②第四段～第六段：具体的に法然の浄土宗こそ災害を招く邪教であることを説く
③第七段～第九段：それに対する方策を論じる（第十段は「結び」）

法華経は真実の教え（実教《じっきょう》）であるにもかかわらず、「法然は法華経を無視して念仏の教えを説いたこと」すなわち「法然が実教である法華経を蔑ろにしたこと」、これこそが災難頻出の要因であると日蓮は考えた。

日蓮は国土を安寧《あんねい》にするために、二つの段階を想定する。すなわち、第一段階は、マイナスの状態をゼロに戻すこと、そして第二段階はゼロからプラスの状態に引き上げることだ。当時はすでに念仏の流行によって災難が続き、マイナスの状態にあったと日蓮は考えたから、まずはこの状態をゼロに戻す必要があった。そのための方策として、国主は邪法である専修念仏《せんじゅねんぶつ》を禁止すべきだと日蓮は主張したのである。

第七段から第九段ではその具体策が説かれるが、ここでは「誹謗の人を禁じ、正道の人を重んじること」(第七段)、「誹謗の人に対する布施を止めること」(第八段)などが説かれ、それに信服した客は邪法を退治することを誓う(第九段)。専修念仏を禁止して天台宗を中心とする伝統仏教を復興し、善神と聖人をこの世に呼び戻すのが日蓮の描く安国への第一段階だった。しかし、安国の理想はこれで終わらない。つぎに行うべきは第二段階の改革である。第九段の主人の言葉に注目してみよう。

あなたはすぐに邪な信仰を改め、直ちに実乗の一善(法華経)に帰依せよ。そうすれば、三界(この世界)はそのまま仏の国となる。仏の国は決して衰えない。十方《じっぽう》の世界はすべて浄土となる。浄土は決して破壊されない。国が衰えることなく、世界が破壊されなければ、身は安全であり、心は平穏である。

つまり日蓮は、第一段階で法然の念仏の禁止によって国土をマイナスからゼロに転じ、さらに第二段階では法華経を護持することによって国土を安寧にすることを目論み、それを北条時頼に進言した。

とすると、日蓮の想定する浄土とは、法然のようにこの世とは別の場所（西方）に存在するものではなく、法華経が護持されたこの世の世界ということになる。法然は現世を否定し、西方浄土《さいほうじょうど》を欣求するので、この娑婆世界は〝厭《いと》い離れるべき〟対象となるが、日蓮にとっての娑婆世界は〝変革して浄土にすべき〟対象となる。まさに「正法を娑婆世界に建立して、国を安寧にする」のが『立正安国論』なのだ。

しかし、時の経過とともに、日蓮の浄土観にも変化がみられるようになる。というのも、とくに佐渡流罪以降（佐後）、日蓮は死後に往詣《おうけい》すべき浄土として「霊山浄土《りょうぜんじょうど》」を説くようになったからだ。霊山とは、法華経に説かれる説法の場面のうち、ブッダが多宝如来《たほうにょらい》とともに空中に浮かんだ宝塔で説法する場面（虚空会《こくうえ》）のことで、日蓮は死後における久遠《くおん》本仏《ほんぶつ》との邂逅《かいこう》の場として、ここを霊山浄土と表現した。そして霊山浄土への言及は、佐後、晩年が近づくにつれ、ますますその頻度を高めていく。

このように、日蓮の浄土観には変遷がみられるが、晩年になると表面上は明らかに初期の理念と相違するので、霊山浄土は「日蓮の挫折の産物」とも理解される。これを田村［1977］は年代順に整理し、つぎのような変遷過程を想定する。つまり日蓮三〇代の浄土は「常寂光土《じょうじゃっこうど》（＝在る浄土）」、四〇代は「浄仏国土《じょうぶっこくど》（＝成る浄土）」、そして五〇代は「来世浄土《らいせじょうど》（＝行く浄土）」であるという。人間の思考は時とともに変化するものだが、日蓮の浄土観はこれを見事に物語っている。

唱題

法然が末法における時機相応の行として「南無阿弥陀仏」と声に出して称える念仏を選択したが、その理由は念仏が誰でも実践できる「易行」だからである。日蓮は法然の念仏を厳しく批判し、末法の人々の実践のしやすさも考慮して「唱題」に逢着《ほうちゃく》した。これは「南無妙法蓮華経」と声に出して唱えることなので、南無（帰依）する対象は異なるが、基本的な考え方は念仏と共通する。では、唱題の起源はどこに求められるのか。

残念ながら、古代インドの仏教に唱題という行は存在しない。仏名経《ぶつみょうきょう》という大乗経典に「南無妙法蓮華経」という文言は確認できるが、それが独立した行であった可能性は低い。そこで中国仏教に目を転じると、智顗の『法華三昧懺儀《ほっけさんまいさんぎ》』に唱題と思しき用例が確認でき、さらに日本仏教に目を移せば、一〇世紀末の覚超《かくちょう》の『修善講式《しゅぜんこうしき》』に「南無妙法蓮華経」と声に出して唱えたことが確認できる。

日本に仏教が伝来してようやく唱題は行としての地位を確立したが、それは法然以前の念仏と同様に、誦経《じゅきょう》する際の初歩的段階、あるいは誦経以前の宗教的行為として、幼稚・愚鈍の劣機に相応する行と考えられた。そのような唱題のアイデンティティを、日蓮は精緻な理論武装で見事に変更した。その経緯を間宮［2014］に基づき、まとめてみよう。

日蓮が〝法華経の究極の法門〟と見なしたものに「一念三千《いちねんさんぜん》」がある。この表現自体は法華経にはなく、智顗の思想に基づく。一念三千とは「凡夫《ぼんぷ》の一念（一瞬の思い）にも三千世間（全宇宙の現象）が備わっている」ことを意味し、煩悩《ぼんのう》の中にも仏性（仏になる可能性）があるとすることで、人々が成仏できる根拠（救済原理）を示す。智顗が仏の境界を目指して完成させたのが一念三千に思念をこらす修行（止観行《しかんぎょう》）だが、日蓮はこれを「法華経の珠」ととらえて発展させた。

一念三千は衆生を含む全世界を貫く理でありながら、末法の衆生の側からは決して把握できない世界であり、超越的領域にある仏の境界といえる。だが日蓮は、その超越的領分が文字を媒介とし、法華経のすべてを包摂するものとして仏の側から我々に示されているのが「妙法蓮華経」という五文字であると主張する。それこそが、すなわち「題目」であり、仏は衆生が「南無」すべき客体として「妙法蓮華経」の五文字を衆生に差し出したととらえる。佐渡流罪期に著わされた『観心本尊抄《かんじんほんぞんしょう》』には、こう記されている。

一念三千を識らない者に、釈迦牟尼仏《しゃかむにぶつ》は大いなる慈悲を起こし、妙法蓮華経という五字の中にこの珠（一念三千）を包み、末代の未熟な衆生の首に懸けてくださったのである。

仏の大慈悲により差し出された「妙法蓮華経」の五字を受持《じゅじ》（＝唱題）すれば、衆生は一念三千という仏の功徳を自然に譲り与えられることになると日蓮は考える。唱題は法華経に信を置くことの端的な表明であると同時に、功徳において仏と衆生を同等にし、唱題を通して即身成仏《そくしんじょうぶつ》、すなわちその身のままで成仏が達成されると日蓮は解釈した。ここに日蓮独自の題目論が確認される。このような解釈を施すことで、日蓮は唱題のアイデンティティを変更し、唱題を「易行にして勝行」に昇華した。

四箇格言《しかかくげん》

平岡［2021］で明らかにしたように、仏教は長い歴史の中で多様化し細分化したが、鎌倉新仏教の祖師たちはその「多様化し細分化した末端の一つの行（one of them）」を「専修」として選択したのではなく、逆に「多様化し細分化した仏教のすべてを一つに集約した行（all in one）」として確立した。そして、すべての仏教を唱題に統合する日蓮の手法が「四箇格言」である。一般に四箇格言とは「念仏無間《ねんぶつむけん》・禅天魔《ぜんてんま》・真言亡国《しんごんぼうこく》・律国賊《りっこくぞく》」、すなわち「念仏は無間地獄に堕ちる業、禅宗は天魔の所為、真言は亡国の悪法、律僧は国賊の妄説」と他宗を厳しく批判したことを意味する。

四箇格言はたしかに諸宗を批判しているが、その真意はどこにあったのか。唱題の優越性を示すために、他の行を劣行として否定したという理解が一般的だが、はたしてそう単純に理解してよいのだろうか。末木［2010］の解釈を紹介しよう。結論をさきに言えば、日蓮が他宗を否定するようになった理由は、他宗・他行が必要ないという教学的な根拠を充分に確立したからであり、唱題がそれらの要素をすべて包摂した総合的なものとして確立されたからだということになる。

日蓮が末法の行として示した三つの重要な法門は、「三大秘法（本門の題目・本門の戒壇《かいだん》・本門の本尊）」と呼ばれる。このうち「本門の題目」は、法華経の究極の法門である一念三千、すなわち五字の題目であり、これを唱えることが主題であるが、日蓮は唱題を念仏に取って代わる末法の行とした。唱題の確立で、念仏は不要となる。

つぎに「本門の戒壇」。本来、戒壇とは出家者になるための戒を授かる道場を意味するが、唱題が仏道修行者としての戒律を受けることを意味し、この妙法五字を受持する道場が本門の戒壇であると日蓮は考えた。こうして戒律は唱題に包摂され、律宗の存在価値はなくなる。

「本門の本尊」とは、法華経の「如来寿量品《にょらいじゅりょうほん》」で説かれる久遠実成の本仏であるブッダ(永遠不滅の仏)だが、そのブッダが説いた教えこそ「妙法蓮華経」であり、それを図像化したのが日蓮独自の大曼荼羅《まんだら》だ。中央に大きく「南無妙法蓮華経」と書かれ、その周囲に「南無釈迦牟尼仏」や「南無多宝如来」など多くの仏菩薩《ぶつぼさつ》の名前が記され、密教の不動明王や愛染《あいぜん》明王、はては日本の天照大神《あまてらすおおみかみ》や八幡大菩薩《はちまんだいぼさつ》まで入り、四隅には四天王の名前が配される。この題目を中央に据えた大曼荼羅が真言密教を吸収する。

三大秘法により、念仏・真言・律は題目に取って代わられるが、では禅はどうか。智顗は一念三千に思念をこらす止観という行を完成させたが、これは精神を集中する行であるから禅の役割を果たす。しかし、日蓮が止観よりも唱題の方が勝行であるととらえたことはすでにみた。こうして、禅も唱題に収め取られていく。

このように、念仏・禅・真言・律はことごとく唱題に包摂され、唱題を標榜する日蓮の仏教こそがすべての要素を包含する総合仏教として確立される。つまり、四箇格言は他宗の批判をしているが、それは単なる批判ではなく、他宗・他行の要素をすべて摂取した総合仏教としての唱題行《しょうだいぎょう》が完成したこと、そして、そのことにより他宗・他行が〝必要なくなった〟と理解することの方が、四箇格言の本質を言い当てている。換言すれば、唱題することの中に念仏・禅・真言・律、つまり全仏教はすべて含まれることになり、そうなれば、もはや他の行が独立して実践される必要はないと日蓮は考えた。

第三章　末法苦《まっぽうく》と無常苦《むじょうく》

　では、いよいよ本書の中核とも言うべき日蓮のレジリエンスについてみていくことにする。ここからは田村［1980］を参考に、さまざまな苦悩別に日蓮の苦に対する態度を整理していく。本章ではまず人間一般の苦として、末法苦と無常苦（人生苦）とを取り上げ、それに対する日蓮の態度、つまり対処の仕方をみていく。

五濁悪世《ごじょくあくせ》

　末法の特徴というわけではないが、下降史観に基づき、時代が下るにつれて世の中は乱れ、五濁（五つの汚れ：劫濁《こうじょく》・煩悩濁《ぼんのうじょく》・衆生濁《しゅじょうじょく》・見濁《けんじょく》・命濁《みょうじょく》）が蔓延するという。大乗経典の阿弥陀経《あみだきょう》や法華経などにみられるが、まずはどのような文脈で五濁が説かれるかをみてみよう。まずは阿弥陀経から。

　阿弥陀経は阿弥陀仏の極楽浄土を詳細に説く経典だが、経の最後で六方の諸仏が阿弥陀経を説いたブッダを称讃する箇所がある。そこでは「釈迦牟尼仏は甚だ難しいことを成し遂げた。すなわち娑婆国土の劫濁・見濁・煩悩濁・衆生濁・命濁という五濁悪世において、無上正等菩提《むじょうしょうとう》を獲得し、一切衆生のために、この信じがたい法を説いた」と説かれるので、このブッダ在世当時の娑婆世界がそのまま五濁悪世ということになる。

つぎに法華経「方便品」の記述を紹介する。ここではブッダがシャーリプトラに本来は一仏乗しかないのに、なぜ二乗や三乗を説いたのかという理由について、こう説明する。「十方の世間において、本来二乗は存在しないし、ましてや三乗など言うに及ばぬ。しかし、諸仏は劫濁・煩悩濁・衆生濁・見濁・命濁という五濁悪世に出現する。このように、堕落した時代（劫濁）、貪欲で善根の少ない衆生のために、諸仏は巧みな方便を駆使して本来は一乗なるものを三乗に分けて説示するのである」と。ここでも、五濁悪世はブッダ在世当時の娑婆世界のことを指している。

大乗経典も「仏説」という体裁をとる以上、〝物語の時間〟としては「仏在世当時」という設定になるが、〝歴史の時間〟としては仏滅後、五〇〇年以上が経過した後に創作されたので、「五濁悪世」は紀元前後以降の法滅の時代状況を反映していると考えられる。このように、大乗経典では〝物語の時間〟と〝歴史の時間〟が微妙に交錯するが、法滅の強調は、滅した古い法に代わり、新たな法となる大乗経典創作の根拠を提示するためであったと推察される。では、五濁の具体的な内容を解説していこう。

①劫濁：時代が堕落することで、戦乱・争乱・飢饉・疫病など社会悪が増大すること
②煩悩濁：貪《とん》・瞋《じん》・痴《ち》の三毒の煩悩などが盛んになること
③衆生濁：人々の資質が低下し、理解力が劣化すること
④見濁：思想が乱れ、邪悪な思想や見解、あるいは迷信などがはびこること
⑤命濁：人間の寿命が短くなること

これだけみれば、五濁は併記され、横一列に並ぶが、この五つの関係性を整理したのが智顗だ。智顗は『法華文句《ほっけもんぐ》』（法華経の字句を解釈したもの）の中で「煩悩濁と見濁とが根本となって衆生濁となり、それが連続維持されて命濁を引き起こし、この四濁によって劫濁となる」と解説し、わかりやすく五濁を整理する。社会悪（劫濁）も、その根源をたどっていけば、人間の煩悩や邪悪な思想に行き着き、それを無視しては社会を批判できない。社会は個々の人間の集団から成り立っている。

戦争や争乱はたしかに人間の煩悩に基づくが、では天災や飢饉はどうか。これも個々人の煩悩に基づく行為に責任を求めることができるのか。科学的に天災・飢饉が煩悩と関連

するかどうかは不明だが、少なくとも仏教はこれも個々人の煩悩に起因すると説く。これについては後ほど、善神捨国《ぜんしんしゃこく》のところで取り上げよう。

日本中世の状況

日本中世当時の社会の様相はいかなるものだったのか。鴨長明《かものちょうめい》(一一五五?～一二一六)の『方丈記《ほうじょうき》』に当時(平安末期～鎌倉初期)の状況が詳しく描かれているが、彼の存命中だけで改元は二三回行われ、そのうち天皇即位による改元は八回、また災異による改元は一三回に及ぶ。その災異改元の内訳は、地震二回、水災一回、火災二回、戦乱三回、疫病七回、飢饉一回(重複を含む)である(福和［2020a］)。平安末期から鎌倉初期にかけての状況は酸鼻を極めていた。

また鎌倉時代全体でみても、五〇回の改元中、災異改元は三〇回あり、そのうち地震による改元が一一回、疫病一一回、旱魃《かんばつ》五回、風災四回、水災・飢饉・火災が各三回(重複を含む)であった(福和［2020b］)。一〇五二年、末法に突入した日本の中世は混乱を極め、末法の五濁悪世が現実味を帯びた時代であった。では具体的に『方丈記』の記述をみてみよう。『方丈記』はその前半で五大災厄を扱う。すなわち、①安元《あんげん》の大火(一一七七)、②治承《じしょう》の辻風(一一八〇)、③福原への遷都(一一八〇)、④養和《ようわ》の飢饉(一一八一～八二)、そして⑤元暦《げんりゃく》の大地震（一一八五）である。こうして列挙しただけで、よくもこの短期間にこれほどの大きな災厄が起こったものだと思う。
安元の大火の元は、一軒の小さな火事であったが、強い南風にあおられて火は一気に広がり、大内裏《だいだいり》をはじめ、朱雀門《すざくもん》・大極殿《だいこくでん》・大学寮・民部省など政府の枢要《すうよう》な建物があっという間に焼失したという。ではここで、その惨状を最もリアルに伝えている、養和の飢饉の様子を紹介しよう。

前の年は、こうしてようやくのことで暮れていった。明くる年は、もとのように立ち直るだろうかと思っているうちに、去年の惨状の上に、疫病さえが加わり、ますます事態は悪化していき、あとかたもとどめないくらいになってしまった。世間の人はみな、飢えにせめられていったので、日を経過するにつけ、窮迫していくさまは、少ない水の中の魚のたとえの通りである。ついには笠をかぶり、足をおおい、相当の身形《みなり》をしている者が、ただただ家ごとに物乞いをして歩き回っている。このように疲れはててしまった者どもは歩くかと見ていると、直後には、その場に倒れ伏してしまう。また、土塀の表側、道の端で飢え死にした者の類は数もわからない。これらの死骸をとりかたづけることもできないので、臭いはこの世のすべてに満ち満ちている。腐って、変わりはててゆく形とありさまは、目も当てられないことが多い。いわんや、加茂川《かもがわ》の河原などの死体の捨て場では、馬や車が行き違う道さえない（浅見［2011］）。

世界中は今、コロナ禍に翻弄されているが、日本中世の様相も混乱の極みにあり、まさに世も末の「五濁悪世」という表現がぴったりな世情であった。このような状況を目の当たりにした日蓮は、その現実と対峙し、その原因を究明して問題を解決しようと試みた。ではつぎに、日蓮が想定した五濁悪世の要因をみていく。

善神捨国《ぜんじんしゃこく》

ではここで、さきほど問題提起した天災・飢饉と人間の煩悩に基づく行為との関係をみていくが、その前に護国の思想を整理しなければならない。

本来、仏教は自己の内面と対峙し、修行して苦からの解脱を目指す個人的な宗教だったが、その自己存在は他者との関わりで見直され、自利即利他（他者を幸せにすることが私の幸せである）を理念とすることで、仏教は社会性を帯びた宗教（大乗仏教）へと変容した。自分だけの覚りを目指すのではなく、自他ともに覚りを目指すところに大乗仏教の特徴がある。この理念がさらに拡大されると、「他者」は「個人」を超えて「社会／国家」へ、さらにはその受け皿としての場所である「国土」にまで及ぶ。こうして浄仏国土（仏国土を浄める）思想が誕生した。

一般に「浄土」といえば、西方極楽浄土《さいほうごくらくじょうど》のように、この娑婆世界とは空間を異にする場所を想定するが、大乗仏教の中期になると、他方仏国土《たほうぶっこくど》の反動として、この娑婆国土そのものを安寧にするという経典が創作されはじめた。これが護国に言及する経典群、すなわち金光明経《こんこうみょうきょう》や仁王《にんのう》般若経などの護国経典であり、国王がこれらの経を重んじ、仏教の教えを実践し、正法をもって政治をすれば、国家は安泰となると説いた。国王が経典の講説を行ってその経を弘通《ぐつう》し、国民によって仏法が実践されれば、神々がその国土を守護してくれると考えられたのである。

ここでは、国民を代表する国王の役割が非常に重大であるし、また直接的に国家の安寧をもたらすのは一般に神々（これに言及しない場合もあるし、仏・菩薩の場合もある）である。とすれば、大乗仏教の社会性がこの世界以外に向いたときには他方仏国土の思想、この世界に向いたときには鎮護《ちんご》国家（護国）の思想となる。

このような大乗仏教の思想を受けて日蓮は『立正安国論』を著し、相次ぐ災害の原因を、人々が正法（法華経等の大乗経典）を蔑ろにし、それ以外の邪法（法然の専修念仏）を信じていることに求め、「正法に立脚すれば（立正）、国家は安泰となる（安国）」と主張した。客の「近年、天変地異・飢饉・疫病がはやり、仏法が廃れているのは、いかなる理由によるのか。これはいかなる禍いや誤りによって起こったのか」という問いに、主人はこう答える。

　世の人々が皆、正しい教えに背き、人々はことごとく悪法に帰依した。そのために、善神は国を捨てて立ち去り、聖人も去って還ってこない。このために、悪魔がやって来たり、悪鬼がやって来て、災いが起こり、厄難が起こるのだ。

つまり、「正法背棄《しょうぼうはいき》→悪法帰依《あくほうきえ》→善神捨国→聖人辞所《しょうにんじしょ》→悪魔跳梁《あくまちょうりょう》→災害続出」という図式だ。国主（時の権力者）が正法である法華経を尊重し、それに基づいて政治をしなければ、災難が続き、最終的に天変地異に至るという（佐々木［2004］）。

日蓮は法然の念仏を禁止して法華経の教えを弘めれば、国土は自ずと安穏《あんのん》となり、人々の平和な生活が実現すると説いた。このように、護国経典とまったく同様に、国主が仏法に基づいて政治をしなければ、善神は国を捨て、聖人もどこかへ去ってしまうため、天変地異が起こるというのであるから、神は仏法に基づいて政治を行う国主を守護し、その国土を安寧にするという役割を担う。よって、天変地異といえども、もとをただせば、法華経を蔑ろにしたという人間の煩悩に基づく行為が原因となっていると、日蓮をはじめ当時の人々は考えた。

とすれば、人々の煩悩（煩悩濁）と誤った見解（見濁）とに基づいて人間そのものの資質が低下し（衆生濁）、その結果、社会が腐敗してさまざまな疫病や厄難が発生（劫濁）することで、人々は天寿を全うせずに死んでいく（命濁）のが中世当時の状況だったのであり、日蓮にとって世はまさに五濁悪世の末法の様相を呈していた。

栄西《えいさい》の『興禅護国論《こうぜんごこくろん》』も、題名のとおり「禅を興して国を護る」を意味し、「仏法の久住には持戒《じかい》が最も重要だが、持戒は禅法そのものであり、持戒の人がいれば、諸天はその国を守護する」と説かれるので、基本的な構図は『立正安国論』と同じだ。このように、国家の安寧には「神」の存在が深く関与していると考える仏教者もいた。

末法為正《まっぽういしょう》：ピンチをチャンスに

日本の中世は五濁悪世の末法の様相を呈していたが、この惨状を目撃した日蓮は嘆き悲しみ、塞ぎ込んでばかりいたのではない。ここに日蓮のレジリエンスが確認できる。日蓮は逆転の発想で、ピンチをチャンスに変えていく強《したた》かさを持っていた。

末法という時代的危機意識に促され、天変地異の原因を謗法《ぼうほう》（正法たる法華経が法然の念仏の教えによって蔑ろにされていること）に求めた日蓮は、『立正安国論』を著して時の権力者たる北条時頼に提出し、その現状を改めるように迫った。この時点で日蓮は末法を悲観的にとらえ、末法をピンチとみていたが、時の経過とともに、これをチャンスと理解するようになる。

『立正安国論』は佐渡流罪以前に著されているが、佐渡流罪期に著された『観心本尊抄』では、日蓮の末法に対する意識に変化が生じ、末法に希望を見いだすようになった。『観心本尊抄』は法華経が末法の衆生を対象としていることを、こう記す。

法華経の迹門（前半）十四品《ほん》の正宗分《しょうしゅうぶん》の八品をひとまず見ると、声聞乗と独覚乗の二乗を中心とし、菩薩や凡夫を傍らに置いている。しかし考え直してみると、凡夫、しかも正法・像法・末法の凡夫を対象とし、正法・像法・末法の三時の中でも、とくに末法の初めを対象の中心としている。（中略）さらに本門について論じるなら、ひたすら末法の初めの人々を対象の中心としている。

これに続き、つぎのようにも説く。

釈尊がこの世に出現されたのは霊鷲山《りょうじゅせん》で法華経を説いた八年間の多くの人々のためではない。そうではなく、釈尊滅後の正法・像法・末法の人々のためである。またさらにいえば、正法・像法の二〇〇〇年の人々のためではなく、末法の初めの私のような者のためである。

末法は決してピンチではなく、最高の教えである法華経が花開くチャンスの時代であるというのが日蓮の理解だ。つまり時代が末法に突入したということは、新たな仏法、すなわち法華経という最高の真理が開顕《かいけん》される最高の時代の幕開けを意味すると日蓮はとらえた。これを「末法為正」という。

そしてその時代に世間を導くのが「私（日蓮）である」と自らを位置づける。『観心本尊抄』の直後に書かれた『顕仏未来記《けんぶつみらいき》』では、三国（インド・中国・日本）という空間意識に三時（正法・像法・末法）という時間意識が融合し、それに四師（ブッダ・智顗・最澄《さいちょう》・日蓮）が配され、「三国四師《さんごくしし》」という思想が誕生した。

これは、正法時にはインドのブッダ、像法時には中国の智顗と日本の最澄、そして末法時には日本の日蓮が、それぞれ法華経の教えに基づいて世間の導師となるという発想だ。

日蓮はどこまでも「前向き」に末法を理解する。

法然は末法をピンチととらえ、この娑婆世界（穢土《えど》）を厭離《えんり》して、西方の彼方に存在する極楽浄土を欣求したが、日蓮は末法をチャンスとみて、末法の今こそ法華経流布によって正法を確立し（立正）、この国を安寧にして（安国）、この世での浄土の建立を目論んだ。こうして、末法は悲嘆すべき時代ではなく、究極の真理が開陳される素晴らしき時代ということになる。そう考えると、天変地異の意味も変わってくる。この点を『観心本尊抄』の記述から、さらに探ってみよう。

今は末法の初めに相当し、小乗の教えが大乗の教えを打ち、方便の教えが真実の教えを破り、西と東が入れ替わり、天と地とが顚倒《てんどう》している。このような状況下、法華経の迹門の教えを教化する四種の菩薩は隠れて現前しない。また、諸神はその国を捨てて守護しない。このとき、地涌《じゆ》の菩薩（ブッダの本弟子）が初めて世に出現し、ひたすら妙法蓮華経の五字（末法の良薬）を幼稚な人々に服用させるのである。

これをみれば、天変地異は地涌の菩薩が出現する前兆と位置づけられているようにみえるが、この後をみれば、それは間違いないことがわかる。

これらのことを考えあわせると、正法や像法の時代にはなかった大地震や大彗星などの出現は、金鶏・修羅・龍神などが変動したためではなく、もっぱら四大菩薩（地涌の菩薩の指導者）が出現される瑞相《ずいそう》なのではないか。

天変地異は〝忌み嫌うべき現象〟ではなく、これから起こる〝素晴らしい出来事の瑞相（吉兆）〟と解釈し直されるのである。こうして、日蓮は末法という現実としっかり対峙する中で、末法という絶望の中に希望の光を見いだしていった。

親鸞との比較

ピンチをピンチで終わらせず、発想を転換してピンチをチャンスに変換する能力もレジリエンスと言えよう。このような能力は鎌倉仏教の宗祖たちに共通するものなのかもしれない。というのも、日蓮と並んで親鸞も末法というピンチをチャンスに変換しているからだ。少し脇道に逸れるが、末法に対する親鸞の態度も紹介しておく。

親鸞の主著『教行信証《きょうぎょうしんしょう》』の著述の目的は、法然が明らかにした選択本願念仏《せんちゃくほんがんねんぶつ》の正当性を証明すべく、親鸞は末世における教と行と証とは何かを明かし、末世でも正法が成り立つことを立証することにあった。つまり、親鸞は末法の時代の「教」を無量寿経《むりょうじゅきょう》に説かれた本願念仏の教え、「行」を阿弥陀仏が選択した念仏、そして「証」を阿弥陀仏の救済による極楽往生とした。

親鸞は末法でも「教・行・証」が成立することを証明したが、「教・行・証」が成立するということは、今がまさしく正法であると逆説的に唱えていることになる。聖道門に従えば、末法は行証の荒廃した時代だが、浄土門に従えば、今まさに正法という認識になり、価値観が逆転する。つまり、伝統的な解釈では聖道門が真実の教えで浄土門は方便の教えとなるが、親鸞は末法における「教・行・証」が成立することを証明し、聖道門が方便の教えで浄土門こそが真実の教えとする。『教行信証』「化身土巻《けしんどかん》」には、つぎのような表現もある。

今、まことに知ることができた。聖道の諸教は釈尊の在世と正法のためにあり、まったく像法・末法・法滅の時機にはふさわしくない。すでに時代に合わず、人の資質に背くからである。浄土の真実の教えは、釈尊の在世・正法・像法・末法・法滅の多くの衆生を等しく救済する。

親鸞も浄土門の念仏が末法限定の傍教《ぼうきょう》的な〝方便の教え〟ではなく、ブッダ在世時から法滅までを貫く〝真実の教え〟であることを宣揚した。

人生苦・無常苦

人として生まれてきた以上、避けて通ることのできないのが「四苦」という人生の根本苦（無常苦）だ。生・老・病・死自体が苦なのではなく、若さ・健康・生命などに対する執着（煩悩）が人間に苦をもたらすことはすでに確認したが、人間は煩悩を有している以上、諸行無常《しょぎょうむじょう》の道理に従って進行する生・老・病・死を苦と感じてしまう。

日蓮およびその信奉者は法華経の教えを信じ、法華経の教えを弘通すべく唱題を実践したが、それによってこの娑婆世界が浄土に変容したわけではなかった。しかし、だからといって日蓮およびその信奉者は浄土実現の理想を捨てたわけではなかった。では「かぎられた命」という現実と「浄土実現」の理想のギャップをどう埋めることになるのか。ここに、いったんは否定された来世浄土の観念が復活することになる。では実際の用例をみていくことにしよう。まずは『富木入道殿御返事《ときにゅうどうどのごへんじ》（願望仏国事《がんぼうぶっこくじ》）』から。

私の流罪のことは決して嘆いてはならない。法華経の「勧持品《かんじほん》」や「常不軽菩薩《じょうふきょうぼさつ》品《ぽん》」で言うように、命には限りがある。惜しんではならない。最後に願うべきは仏国土（寂光土）である。

常に理想を忘れず、いつかこの娑婆世界に寂光土という浄土を実現することを目指すことになるが、命には限りがあり、志半ばで死ぬこともある。そこで日蓮は、いったん霊山浄土という他方浄土に往生することに希望を見いだすようになった。『開目抄《かいもくしょう》』はこう記す。

私（日蓮）ならびに我が弟子たちは、たとえさまざまな受難があっても、法華経の教えを疑う心がなければ、仏の境界に必ず到達する。神々のご加護がないことに疑念を持ってはならない。現世が安穏でないことを嘆いてはならない。我が弟子たちに朝晩いつもこのことを教えてきたけれども、度重なる受難に疑念を起こして、みな捨ててしまったのだろう。約束したことを大事なときに忘れてしまうのが愚か者の常だ。

妻子が不憫だと思うから、この世で生を受けているこの肉身が死ぬことを嘆くのであろう。多生長時に亘って慣れ親しんできた妻子と心から別離したのであろうか。　それとも仏道のために別離したのであろうか。いつでも同じように、別離したのであろう。私は法華経の信心を貫いて霊山浄土にいったん参り、そこからこの娑婆世界に還って人々を導くのだ。

これは当時の現実を如実に描写している。法華経護持に尽力すれども、神々の加護はないし、現世は一向に安穏にならない。普通の人間ならば、この状況に挫けてしまうだろうし、実際に信仰を捨てた信者もいた。しかしそれでも信心を貫こうとすれば、生まれ変わってつぎの生涯にかけるしかない。その一時的な帰依処《きえしょ》として日蓮は霊山浄土という他方浄土を設定した。

日蓮は年を重ねるにつれ、霊山浄土の言及の頻度を高めているが、このような現実と理想をブリッジさせるために霊山浄土を考えついたのではないかと推察される。霊山浄土には、日蓮の苦悩が滲み出ているようだ。さらに『法華行者値難事《ほっけぎょうじゃちなんじ》』の最後は、「このような濁世《じょくせ》には互いに常に語りあい、たえず後世を願うことが大事である」という文で締めくくられているが、これも同趣旨の表現と理解することができよう。

初志を貫徹することも大事だが、現実の状況に柔軟に対応することもレジリエンスを考える上で重要だ。現実だけをみていては人間は成長しないが、現実を無視し、理想だけを追い求めても成長は望めない。理想と現実の間でもがき苦しみながらも、それを止揚《しよう》し、より高次の解決法を見いだす能力がレジリエンスには求められる。

私は平岡［2021］の中で、コロナ禍に関連させ、昏迷の時代、予測不能な時代に必要な能力は、ダイアレクティカル・ケイパビリティだと指摘した。これについて説明しておこう。この用語は私の造語だが、ヒントになったのはイギリスの詩人ジョン・キーツ（一七九五～一八二一）の、「ポジティブ・ケイパビリティ」に対する造語「ネガティブ・ケイパビリティ」である。これは最初、詩人（あるいは文学者）に必要な能力として使われたが、後に精神医学の世界でも重要であると再発見・再評価され（帚木［2017］）、さらに今回のコロナ禍で再再発見・再再評価され、新たな注目を集めている言葉なのである。

キーツによれば、ポジティブ・ケイパビリティとは「安易な答えを出す能力」、ネガティブ・ケイパビリティとは「答えの出ない状況に耐える能力」のことであり、昏迷の時代には後者が大事とされるが、しかし最後には何らかの答え（最適解）を導き出すことが大事だから、私は「この二つを止揚する」という意味で「ダイアレクティカル・ケイパビリティ」という語を作った。困難な問題に真正面から対峙し、安易な答えに満足するのではなく、しっかりと熟考し、そして最後に最適解を導く能力がダイアレクティカル・ケイパビリティだ。日蓮の霊山浄土という考え方も、これに基づいた最適解と言えよう。

他者の人生苦に寄り添う

日蓮について印象的なのは、他者の人生苦に寄り添う姿勢だ。とくに女性に対する優しい眼差しは他の鎌倉時代の宗祖に比べて群を抜いているように思う。では書簡の中からいくつか紹介するが、まず、夫を亡くした千日尼《せんにちあま》に対する言葉を『千日尼御返事』からみてみよう。

昨年散った花が今年も咲きました。昨年落ちた実が今年も生りました。春の風も昨年と変わらず、秋の景色も昨年と同じです。自然は同じように巡り来るのにどうして、一事（あなたの夫の命）だけが消え去って、もとに戻ることがないのでしょうか。月は入ってもまた出るし、雲は消えてもまた現れます。なのに人は死んだら、もう帰ってはこないということこそ、天も恨めしく、地も嘆かわしいことです。急ぎ急ぎ、法華経を旅の食糧とお頼りして、霊山浄土へいらっしゃって、夫にお会いなさるようになさいませ。

ここでは、夫と死別した千日尼に対し、日蓮は霊山浄土での再会を期すように勧めている。無常ゆえの「命の不可逆性」を嘆きつつも、来世での再会を慰めの言葉とした。

同じく、夫を亡くした持妙法尼《じみょうほうあま》にも、日蓮はつぎのような慰めの言葉をかける。『持妙尼御前御返事《ごぜんごへんじ》』から紹介しよう。

昔から今に至るまで、親子の別れや主従の別れなど、どちらも辛いのですが、しかし、夫婦の別れほど喩えようもなく苦しいことはありません。あなたは過去の遠い昔から何回となく女性としてお生まれになったことでしょうが、あなたの夫は娑婆世界で最後の全知識（指導者）でありました。和歌にも「自然界では散った花も落ちた実も季節がめぐれば、花や実はまた咲き結ぶのに、どうして逝った人は帰ってこないのであろうか」「亡き人を偲ぶ思いはいつも晴れないので、昨年も物憂く、今年も辛い日々を送ることよ」と詠まれています。法華経の題目をお唱えになりますように。

ここでは浄土での再会を説くのではなく、法華経の題目を唱えて供養するよう日蓮は勧めている。

では最後に、最愛の息子を亡くした女性に対する日蓮の言葉を紹介しよう。『上野殿後家尼御前御書《うえのどのごけあまごぜんごしょ》』から紹介する。日蓮は言葉を尽くして哀悼の意を表し、「これは夢か幻か、私は気が顚倒して分別を失っているが、私がこのありさまなら、あなたの悲しみはどれほど深いかお察し申し上げる。（中略）まだ本当のこととは思えず、何を申し上げてよいか、心の整理がつかない」旨の文章を綴り、追伸でつぎのように記す。

今年の六月一五日にご子息とお会いしたとき、ああ、肝の据わった子だな、男らしい男だと拝見しましたが、もうお目にかかることができなくなってしまったことを悲しく思います。そうはいえ、釈迦仏・法華経を信仰しておられたので、臨終は安らかだったそうですね。霊魂はお父上と同じ霊山浄土においでになって、手を取り、顔を寄せ合ってお喜びになることでしょう。しみじみとした感動が心から湧いてきます。

「逆縁《ぎゃくえん》」という言葉がある。これにはさまざまな意味があるが、子が先に亡くなることも逆縁という。仏教の教えに従えば、生まれた者は必ず死ぬし、またいつ死ぬかもわからない。つまり若くして死ぬ場合もあるから、死ぬ順番は親が先で子が後と決まっているわけでもないが、「逆」であるがゆえに子に先立たれた親の悲しみは筆舌に尽くしがたい。だから日蓮も彼女に共感して哀悼の意を充分に表してから、霊山浄土での父子の再会に言及して、彼女を慰めている。

第四章　罪業苦《ざいごうく》

前章では末法苦と無常苦という人間一般の苦に対する日蓮の態度を概観したが、本章では、日蓮個人の苦についてみていくことにする。苦をもたらすのであるから、その因となる業は自ずと悪業・罪業ということになる。過去の罪業を想定することで自分が経験する苦を納得するという苦の受容の仕方もあるのである。

貯金と借金

日蓮の罪業苦を説明するのに先立ち、その前提となる「善因楽果／悪因苦果」について補足説明をしておく。業は大きく分けて有漏業《うろごう》と無漏業《むろごう》とに分かれる。「漏」とは「煩悩」であるから、有漏業とは有漏（煩悩）に基づく業のことで、苦楽という結果をもたらし、輪廻の原因となる。一方の無漏業は煩悩に基づかない業のことで、煩悩を滅する業（覚りに導く業）であり、苦楽の果《か》を引かない。要するに、出家して実践する業を無漏業と理解しておけばよい。

悪業を有漏業とすることに問題はないとして、善なる有漏業というのがある。それは何かと言うと、有名になりたいと考えて布施をするような行為がこれに当たる。布施自体は善業だが、その動機は「有名になりたい」という欲（煩悩）に基づいて為されるので有漏となる。

ではこれを踏まえ、「善因楽果／悪因苦果」を貯金と借金とで説明しよう。善業を積むことは貯金、悪業を積むことは借金をすることに喩《たと》えられる。また、貯金を使って楽しむことは楽果、借金返済のために働くのは苦果である。これだけみると、善因楽果は望ましく、悪因苦果は忌避すべきように思われるが、はたしてそうか。物事には多面性があり、一方からのみの視点で全体像を把握したことにはならない。では「善因楽果／悪因苦果」を別の視点から眺めてみると、どのようなことがみえてくるか。

贅沢をして楽果を享受することは、確実に貯金が減っていることを、一方、あくせく働いて苦果を経験することは、着実に借金が減っていることを意味する。こう考えれば、楽果の享受は諸手を挙げて喜べないし、苦果の経験はそう忌避すべきものでもない。苦果を経験することは、裏を返せば、悪業がその分だけなくなっているので、喜ぶべきことなのである。

第一章で「善因楽果／悪因苦果」の業報《ごうほう》思想には不条理な人生を説明できる反面、差別を助長する側面もあること、また当人が自らの苦果を受け入れるために、過去世《かこぜ》での悪業を持ち出すのはかまわないが、第三者が当人に押しつける場合は問題であることを指摘した。よって、この業報思想が自らの苦果を納得して受容するために自ら過去世の悪業を想定するのであれば、苦の受容に有効に機能する。

私自身、自らの失敗で苦を経験するときは「自分のまいた種だから」と納得できるが、場合によっては身に覚えのない苦を経験することもあり、その場合は「なぜ私が」と愚痴をこぼすこともある。極端な場合、善人でもないのに「なぜ私のような善人が苦しむのか」とヨブに自分を重ねて人生を呪うときもあった。苦を受容する一つの方便として、「きっと過去世で何か悪いことをしたに違いない」と思えば少しは納得できるし、また苦を経験することで「借金が減った」と考えれば、身が軽くなったようにも感じる。

私事で恐縮だが、私は若い頃から薄毛に悩まされてきた。いわゆる「若ハゲ」だ。「なぜ私が二〇代でこんな目に遭わなければならないのか」とずいぶん落ち込んだ。仏教業報説話を研究したお陰か、あるとき「これはきっと過去世において禿げた人を嘲笑した業の報いだ／過去世で私はきっと嫌がる人を羽交い締めにし、頭髪をむしり取ったために、今、禿で苦しむのだ」と思い至り、妙に納得したことを覚えている。これ以外にも苦を経験したときは、「これで悪業が確実に減った」と思うようにしている。

話を本題に戻そう。仏弟子の中には、過去世で悪事を働いたために地獄で長年苦しんだが、地獄で悪業を清算し、今生では覚りを開いた者もいる。このように、苦果は借金返済、つまり悪業の清算と考えれば、受容可能になることもある。

日蓮のジレンマは「善因苦果」という現実だった。最大の善（法華経護持）を積んでいるのに、どうして苦果（受難）ばかり経験するのかというジレンマだ。その原因が今生にないとすれば、過去世の悪業に求めるしかない。こうして日蓮は自らの苦果を過去世の罪業に求めるが、その前に日蓮の受難の認識についてまとめておく。

問題提起

受難（苦果）に対する率直な日蓮の心情をみてみよう。日蓮は佐渡流罪に際し、『四条《しじょう》金吾殿御返事《きんごどののごへんじ》』で、つぎのように現状を述べている。

今の日本国の人々はほとんどが彼ら（善導《ぜんどう》・法然）の弟子なので、大難は免れがたい。さまざまな秘策をめぐらして日蓮を迫害するのである。これまでの諸難はさておき、去年の九月一二日に幕府の御勘気《ごかんき》をこうむってその夜のうちに首を刎ねられるところであったが、どういうわけか、その夜は延び、この国（佐渡）に流されて生き長らえている。世間にも捨てられ、仏法にも捨てられ、諸神からも顧みられない。二つの道（世法と仏法）から捨てられた孤独な身の上である。

佐渡流罪に際し、日蓮は自らの孤独な身の上を嘆いている。世間から捨てられるというのは理解できるが、仏法からも見捨てられたというのは尋常ではない。そこまで日蓮は追い詰められていたのであろう。さらに『報恩抄《ほうおんしょう》』には「日本六六カ国島二つの中のどこにも一日片時として安穏に住むことができるような場所はない」ともあり、四面楚歌、孤立無援の心情を吐露している。

さて「善因苦果」の現状に正面から切り込んだ著書が『開目抄』だ。同書は『立正安国論』『観心本尊抄』と並び、「日蓮の三大部」に数えられる主要な書である。同書は日蓮が五一歳のとき、流罪先である佐渡島の塚原三昧堂《つかはらさんまいどう》の雪中で著された。法華経こそ末法の人々を救う教えであることを「日蓮のかたみ」として門下に伝えるために書かれたという。その第八章の冒頭で、日蓮は「諸天がなぜ法華経の行者である日蓮を守護しないのか」という問題提起をする。その部分をみてみよう。

ただ世間の人々が疑問を持ち、私自身も疑問を持つことなのだが、どうして諸天は私を助けてくださらないのか。諸天などの守護神は仏前で誓いを立てている。法華経の行者にはそのように疑問を持つことになろうとも、法華経の行者と呼んで、早々と仏前で誓った言葉を実現しようとこそ思われるべきであるのに、その道理が実現しないのは我が身が法華経の行者でないからなのか。この疑問は本書の要点であり、私の一大事であるから、本書のあちこちにこれを書くだけでなく、疑問を強調して、答えを組み立てていこう。

このように「善因苦果」という問題提起を行い、また同じ第八章の最後でも同様の疑問を投げかける。

諸天たちは釈尊に誓いを立てたものの、五濁悪世の大難があまりに激しいのを見て、法華経の行者守護のために出現しないのであろうか。日天《にちてん》も月天《がってん》も天空にましします。須弥山《しゅみせん》は今も崩れていない。海潮も干満を繰り返す。四季も正確にやってくる。なのに、諸天が法華経の行者（私）を守護しないのはどういうことかと大きな疑問がいよいよ積もるばかりである。

「善因苦果」の現実に呻吟《しんぎん》する日蓮の苦悩が手に取るようにわかる文章だ。そして第一三章で、日蓮は思案し、つぎのように述べる。

日天や月天などの諸天は法華経の行者が出現したならば、磁石が鉄を吸い寄せるように、月が水に映るように、直ちに駆けつけ、行者の苦難を代わって受け止め、仏前での誓いを成し遂げなければならないはずなのに、これまで日蓮のもとに訪問してくれないのは、日蓮が法華経の行者でないからなのか。とすれば、ふたたび経文を推考し、我が身に照らし合わせて、自分の身に過失があるかどうかを検討しよう。

このような問題意識に促され、日蓮は自分の苦果を説明するために、さまざまな観点から考察を加えていく。そしてその説明原理の一つとして、過去世での悪業に受難の原因を求めることがあった。

受難の意味づけ

そのような受難の日蓮が自らの苦境を受け入れる方策として、過去の罪業に目を向け、そこに苦果の原因を見いだしたのも無理はない。そして、すでに指摘したように、苦果を「悪業の清算」ととらえ、積極的に苦を受け入れようとしている。その用例をいくつか紹介しよう。まずは『土木殿御返事《ときどのごへんじ》』から。

法華経のために過去に首を切られていたら、このような凡俗の身には生まれてこなかったでしょう。また法華経「勧持品」には「しばしば追放される」と説かれているように、法華経のためにたびたびお咎めを受け、過去世の重罪を消してこそ、仏にもなることができるのですから、自ら進んで苦難の行を実践することは満足なことです。

傍線で示したように、日蓮は苦果に積極的な意味を見いだす。またこの最後は「幕府の責めを受けてこそ、法華経の信仰が具体的な形として現れたというものです。月は欠けても満ち、潮は引いても満ちることは疑いありません。私への罰も必ず功徳があるでしょう。どうして嘆くことがあるでしょうか」と結ばれている。

つぎは『真言諸宗違目《しんごんしょしゅういもく》』の用例である。ここでは「日蓮が法華経の行者なら、なぜ神の加護を受けず、苦難に遭うのか」という問いに対し、日蓮は「大阿修王が禅宗・念仏宗・律宗などの指導者に取り憑き、次第に国王や国民にも影響を及ぼしているため、インドの神である梵天や帝釈天《たいしゃくてん》さえも防ぎがたい。ましてや日本の小神では不可能であるからだ」と答える。さらに日蓮は「釈迦如来・多宝如来・地涌の菩薩たちはこれを防ぐことができる」とし、こう述べる。

いささかも〔諸神の守護を〕疑ってはなりません、ただし、私の迫害を受けるのは過去世の業がまだ尽き果ててはいないからであり、日蓮が流罪になったことで、幾分は罪を贖《つぐな》うことになるから、教主たる釈尊はその衣によって日蓮を覆いかくまってくれるのではないでしょうか。去年の九月一二日の夜中に虎口《ここう》（「竜口法難」）を逃れることができたのも、仏のご加護ではないでしょうか。（中略）あなたたちは決して神仏のご加護を疑ってはなりません。

さらに『顕仏未来記』と『佐渡御書《さどごしょ》』とをみてみよう。

『顕仏未来記』：なんという幸せか。受難によって一生涯のうちに私の謗法（正法を謗《そし》ること）の罪が消滅するとは！　なんと喜ばしいことか。まだ見聞したことのない教主釈尊にお仕えできるとは！

『佐渡御書』：宿業《しゅくごう》（過去世で積んだ業）は理解しがたいものです。鉄を火に入れて、打てば剣になります。賢人や聖人も他者からの罵詈雑言でその本性が明らかになります。これと同様に私のこの度のお咎め（流罪）はまったく世間の法の過失ではなく、専ら過去世の私の重罪によるものですから、それを今生で消し去り、後生で地獄・餓鬼・畜生という三悪に生まれ変わるのを脱するために、この苦難があるのです。

ここでも日蓮は流罪という苦果を「悪業の清算」と理解し、自らの業がもたらした結果（自業自得）として積極的に受け入れようとする。ここで重要なのは「苦果」をどうとらえるかという姿勢だ。第一章で指摘したように、結果自体は無色透明で善悪では判断できず、それをどうとらえ意味づけるか、つまり楽果であれ苦果であれ、その結果を生かすか殺すかが問題だった。この賢人や聖人の譬喩も「罵詈雑言」という苦果で試される。それを生かすか殺すか。生かせれば真の賢人・聖人、そうでなければ偽りの賢人・聖人というわけだ。日蓮も受難という苦果を生かし、受難を積極的に意味づける。

具体的な悪業の発見とその新たな意味づけ

さきほど紹介した用例は皆、自分の過去世での悪業を抽象的に論じていたが、これから紹介する用例は苦果をもたらした悪業を具体的に絞り込んで記述する。『開目抄』に戻って紹介しよう。第一六章の冒頭で「どうして汝の流罪が過去世からの因縁によるものと言えるのか」という問いに対し、「仏法という鏡は現世での苦楽をもたらす過去世の業因《ごういん》を映し出す」と前置きし、こう述べる。

私は遠い昔から悪王として生まれ、法華経の行者の衣服や田畑などを奪いとったことが数知れずあっただろう。それはちょうど、今の世に日本国のさまざまな人が法華経護持の拠点である山寺を滅ぼすようであった。また法華経の行者の首を刎ねたことも数知れずあっただろう。このような重罪の報いを受けたこともあっただろうし、まだ受けていないこともあるだろう。報いを受けたとしても、残余はいまだに尽きていない。人が生死を離れるときは、必ずこの重罪を消し尽くして解脱しなければならない。

功徳は浅軽だが、罪は深重《しんちょう》である。仮の教え（権教《ごんきょう》）を実践していたとき、まだこのような重罪は生じていなかった。鉄を火の中で徹底的に鍛えなければ、疵は隠れて見えない。何度も精錬すれば、疵が姿を現す。また、麻の実から油を絞るとき、強く絞らなければ、油はわずかしか採れないのと同じである。

今、日蓮が厳しく国王の謗法を責めた結果、こうした法難が現れてくるのは、私の過去世での重罪が今の世に仏法を護持することによって引き起こされたものであろう。

ここで日蓮は自分の苦果の原因となる悪業を特定し、苦果を経験することが悪業の消滅につながるばかりか、苦果の大きさは自分が行っている行為（仏法護持）の正しさと激しさとを証明していると理解する。

鉄や麻の実の例からわかるように、大きな変革を実現するには大きな苦痛が伴う。そして変革に必要な大きな苦痛の原因は、過去世で犯した罪業となるから、罪業は大きな変革の必要条件となる。「大変革＝大苦痛＝大罪業」という妙な三段論法だが、こうして日蓮は自分の受難を入口にして、過去の罪業を発見すると同時に、その苦痛が大きい分、大変革を遂げることができると考えた。見事としか言いようのない理屈である。

こうして自分の受難およびそれをもたらした過去世での罪業は、現世での変革を実現することで正当化される。苦果の大きさはそれだけ大量の罪業が一気に滅すと同時に、変革の度合いもそれだけ大きいことを意味するので、一石二鳥というわけだ。

ブッダの悪業

ここでは少し視点を変え、ブッダの悪業について考えてみよう。話は『開目抄』第八章に戻るが、日蓮は自らの苦果の原因を究明する中で、ブッダが受けた迫害に言及する。ここではブッダが九回もの災難（九横《くおう》の大難《だいなん》）に遭ったことに言及し、「釈尊でさえ、このような災難に遭ったのであるから、その弟子の災難については何をか言わんや」と日蓮は言う。「九横の大難」とは日蓮独自の表現のようだが、末法における法華経《ほけきょう》弘通《ぐつう》の困難さは、この九横の大難を凌ぐという。その内容は以下のとおり。

①孫陀梨《そんだり》（スンダリー）の謗《そしり》：淫女孫陀梨に誹謗された
②婆羅門城《ばらもんじょう》の漿《おもゆ》：下婢《かひ》から捨てられた臭い漿（米のとぎ汁）を供養された
③阿耆多《あぎた》（アジタ）王《おう》の馬麦《めみゃく》：婆羅門の阿耆多に馬麦（飼料）を施され、長きに亘って
それを食した
④瑠璃《るり》の殺釈《せっしゃく》：釈迦族が波瑠璃王《はるりおう》によって亡ぼされ、頭を痛めた
⑤乞食空鉢《こつじきくうはつ》：婆羅門の村で乞食したが、供養を得られなかった
⑥旃遮女《せんしゃにょ》の謗《そしり》：旃遮婆羅門の女に誹謗された
⑦調達《じょうだつ》（デーヴァダッタ）が山を推《お》す：調達に山から石を落とされ殺害されかけ、砕け

た石の破片で足を怪我した
⑧寒風衣を索《もと》む：寒風のため、背痛を耐えなければならなかった
⑨阿闍世《あじゃせ》（アジャータシャトル）王が酔象《すいぞう》を放つ：調達にそそのかされた阿闍世王に酔象を放たれ殺害されかけた

仏滅後しばらくすると、業報の原理が強調されるようになり、ブッダさえも業の果報からは自由ではないとする考え方も出てきた。ブッダも在世当時は何らかの苦果を経験したはずだが、業思想が整備されてくると、インドの仏教説話文献では、ブッダの苦果も過去世での悪業で説明されるようになる。この九横の大難に出てくる例で言うと、たとえば⑦「足の怪我」は、ブッダが過去世で財産目当てに山から石を落として異母兄弟を殺した報い、また⑧「背痛の経験」は、力士と相撲を取り、背骨を折って殺してしまった業の報いだと説明される。

ほかにも、ブッダは前世で医者だったとき、治療費がもらえなかった腹いせに不適切な薬を患者に与えたため、今生では消化不良の病を患ったとか、前世で魚が殺されるのを見て喜んだために、今生では頭痛を患ったとかいう話も存在する。これは、およそ仏教の教祖の所行とは思えないようなものばかりだが、業報の原理を強調すれば、このような説話

も創作されることになる（平岡［2002］）。

ブッダの悪業の背景

ではつぎに、ブッダの悪業と苦の受容との関係を考えてみよう。教祖ブッダの悪業を説く説話の創作など、もってのほかかもしれない。だが見方を変えれば、このような話は苦しむ人に癒しの効果、あるいはレジリエンスを促す効果があるとも言える。日蓮が言うように、「ブッダでさえ、このような苦難に遭ったのであるから、我々が苦しむのは当然だ」と考え、今、経験している苦を受け入れることが可能になる。

ではどうして、教祖ブッダの悪業をここまで詳細に説かなければならなかったのか。一つは、戒律の乱れを背景にした綱紀粛正的な背景が想定される。時代が下ると、出家者の問題行動が目立つようになる。そのような状況を改善するため、「教祖ブッダさえも業報の原理原則から自由ではない」と示すことで、綱紀の粛正を図ったと考えられよう。

一方、並川［2001］はこの問題に二種の涅槃説という別の視点からアプローチする。涅槃は本来、覚りの境地を意味する言葉だが、時代の経過とともに二種の涅槃が考えられた。有余《うよ》涅槃と無余涅槃だ。この場合の「余」とは「肉体の残余」を意味する。よって、有余涅槃とは「肉体の残余のある涅槃」、すなわち三五歳で覚りを開いて煩悩を滅尽《めつじん》してから八〇歳で入滅して身体がなくなるまでの状態、一方の無余涅槃は、ブッダが入滅して身体が荼毘に付され、身体そのものがなくなった後の状態を言う。

簡単に言えば、有余涅槃は「心の涅槃」、無余涅槃は「身心の涅槃」ということになる。そして、当時の仏教徒は有余涅槃よりも無余涅槃を完全視し、ブッダの覚りを偉大化・絶対化しようとした。心は解脱していても、肉体を有するかぎり、頭痛や怪我、そして体調不良などの肉体的苦痛を経験しなければならない。つまり、肉体を有している間は、完全な状態ではないと考えられたのである。

そして無余涅槃が理想化されるのに呼応し、有余涅槃が相対的に価値の低い涅槃に格下げされてしまう。つまり、覚りを開いてはいても、肉体という残余を持つブッダはさまざまな悪業の苦果を感受しなければならないと理解されるに至った。悪業の果報（苦果）をみると、中傷や破僧《はそう》に加え、消化不良や足の怪我、それに頭痛や背痛など、身体的な苦痛に言及するものもかなりあることが、これを裏づけている（平岡［2016］）。

偉人の苦果（挫折）

話を本題に戻そう。悪業と苦果ではないが、非の打ち所がなく偉人と思われている人が失敗したり悩んだりしたという話を聞けば、安心したり、気持ちが落ち着いたりした経験はないだろうか。「聖人君子のような人でも悩むことがあるんだ／成功した人でもたくさん失敗してきたんだ」というように。

ユニクロで名を遂げた柳井正も『一勝九敗』という本を書いている。彼でさえ一勝九敗だと自分の人生を振り返る。さらにひどいのは、安藤忠雄の『連戦連敗』だ。超一流の建築家が自分自身の過去の仕事を「連戦連敗」と振り返る。二人とも偉人には違いないが、我々凡人と変わらない普通の人間という側面もあり、それを知ったとき、我々は偉人を身近に感じて安心する。ブッダも、怪我をすれば赤い血が流れるし、暑ければ汗もかく。その意味では、我々と同じ〝人間〟であった。

私は大学の教員であるから、学生に対して授業をするのが仕事だ。しかし、学生はなかなか手強く、面白い話でなければ最後まで聞いてはくれないし、大講義室では私語も珍しくない。努力はしているが、二〇〇人を超える学生が九〇分、一言も喋らずに集中するような講義を実施することは至難の業だ。しかし、途中で退席されたり私語をされたりすると、凹んでしまう教員は私だけではあるまい。

そんなとき、法華経の一節に出逢った。第二章「方便品」。シャーリプトラの三度に亘る説法の要請を受け、ブッダが説法をはじめようとしたとき、五〇〇〇人の高慢な出家者たちが退席してしまったのだ。「ブッダの説法でさえ、五〇〇〇人が退席してしまう。私の講義など言うまでもない」（私の勝手な解釈です）と諦念《ていねん》して、立ち直った。実話ではないことは百も承知だが、この話は私のレジリエンスに一役買った。

仏教の開祖ブッダを例に出したので、キリストについても言及しておこう。人に親切にしたのに、礼を言われなかったらどう感じるだろうか。腹が立ち、落ち込んでしまうかもしれない。少なくとも私はそうなる。そんな人のためにカーネギー［1999］は、つぎのようなキリストの話を新約聖書『ルカ伝』から紹介する。

ある日、キリストは一〇人のハンセン病患者を癒やしたが、そのうち何人が彼に礼を言ったか。たった一人である。キリストが弟子たちに「ほかの九人はどこにいるのか」と尋ねると、彼らは皆、逃げてしまっていた。一言の礼も言わずに。「自分たちのささいな行為に対して、はたしてイエス・キリストが受けた以上の感謝を期待してよいものだろうか」とカーネギーは問いかける。この話も、人にレジリエンスを促すだろう。

感謝の念

本章では日蓮の罪業苦を扱ってきたが、ここでは罪業苦の逆、つまり日蓮の「善業」についても触れておく。というのも、日蓮が法華経という教えと出逢えたのは、何らかの善業（善なる縁）を因とするからであり、その意味で日蓮の書物には逆境に苦しみながらも、感謝（喜び）の言葉を忘れない。日蓮は仏法（仏教）や法華経の教えと出逢えたことを過去世での善業で明確に説明するわけではないが、仏教の業論に基づけば、当然それは過去世での善業に起因することになる。感謝はレジリエンスとも深く関係するので、ここで取り上げることにしよう。

『守護国家論』では涅槃経の文を引用した後、それをつぎのように敷衍する。「六道《ろくどう》輪廻のうち、三悪道《さんなくどう》に堕ちる者は多いが、人間に生まれる者は少ない。また人間に生まれても辺地に生まれる者は多いが、中心地に生まれる者は少ない。また中心地に生まれても、仏法に値《あ》う者は少ない」と。そして、人間として生まれ仏法に値えたことを「感激の涙を抑えることができない」と感嘆している。そしてこの感謝の念に基づき、「一生をむなしく過ごしてはならない」、あるいは「この度受けた人身を失い、三悪道に堕ちた後に後悔しても、取り返しがつかない」と発破をかける。

つぎに『慈覚大師事《じかくだいしじ》』を取り上げよう。ここでは「仏法」に留まらず、法華経との出逢いを喜ぶ文がみられる。

何よりも受けがたい人身を受け、値いがたい仏法に値った。五尺の身に一尺の顔があり、その顔の中に三寸の眼が二つあり、その両眼で一歳から六〇歳まで多くのものを見てきたが、その中で一番喜ばしかったのは、「諸経の中で法華経が第一」との経文を見たときである。

同様の表現は『千日尼御前御返事《ごぜんごへんじ》』にもみられ、「日蓮は受けがたい人身を受け、値いがたい仏法に値うことができた。一切の仏法の中でも法華経に値うことができた」と喜びを表現する。

以上は、人として生まれることと仏法に巡り逢うことの二つの希有なることが重なったことの喜び、およびその感謝の念の用例を紹介したが、つぎにそれとは違った喜びの表現を二つ紹介する。まずは、未来を三度予言し、すべて的中したことに対し、日蓮がブッダに謝意を表する用例である。日蓮は『撰時抄《せんじしょう》』で、こう述べる。

三つの予言は、日蓮が勝手に申したのではない。ただひとえに釈迦如来の御魂が私の身に入り交わられてのことである。我が身ながらも、喜びは身に余る。

このように、予言の的中を可能にしたのは、自分ではなくブッダのお陰であると喜びを表明している。

もう一つは、レジリエンスを考える上でも重要とみなせる用例である。『種種御振舞御書《しゅじゅおふるまいごしょ》』から、その内容を紹介しよう。

日蓮が仏になる第一の味方は私の殺害を試みた東条景信、法師では良観《りょうかん》・道隆《どうりゅう》・道阿弥陀仏、そして平左衛門尉頼綱《へいのさえもんのじょうよりつな》・北条時宗《ほうじょうときむね》であり、彼らがいなかったなら、とうてい私は法華経の行者になれなかっただろうと喜んでいるのです。

日蓮は自分が法華経の行者になれたのも、自分の殺害を試みた人間や自分に敵対した人間がいたからこそと、彼らの存在に感謝する。これは法華経でブッダに敵対したデーヴァダッタがブッダの善き友であったという話と共通する。法華経を色読《しきどく》（主体的かつ実践的に読むこと）した日蓮は当然この話を知っていたはずであり、この表現はそれに基づいている。

感謝と愚痴は表裏の関係にある。所与《しょよ》の条件は同じでも、人によってその反応は感謝と愚痴という真逆の方向に向かうことになるが、その差はどこに求められるであろうか。具体的な例で考えてみよう（以下は、あくまで架空の国の話です）。たとえば、二人の人間が時給を知らされずに同じ労働を同じ時間（たとえば八時間）だけしたとしよう。作業が終了し、給料が現金で手渡される。中身は八〇〇〇円。

Aの反応は「たったのこれだけ！」、一方のBは「こんなにもらえるの！」。この違いは何か。それは「当たり前の基準」がどこに設定されていたかによる。たとえば、Aの基準が「時給一五〇〇円」、Bの基準が「時給八〇〇円」というように。つまり、現実が「当たり前の基準」より上なら感謝、下なら愚痴というわけだ。

厄介なことに、この「当たり前の基準」は放っておくと、徐々に上昇する。何かが手に入り、しばらくは満足していても、時間が経つと、その状態が「当たり前」になり、今度はその状態からさらなる上を目指すことになり、これが死ぬまで繰り返される。こうして、当たり前の基準を上げれば上げるほど愚痴の沼にはまり込み、下げれば下げるほど感謝に溢れた生活となる。

日蓮や法然を含め鎌倉仏教の宗祖たちは誰も謙虚で、当たり前の基準が極めて低い。そもそも仏教の当たり前の基準は「一切皆苦」であり、最底辺に置かれている。「苦しくて当たり前」なのだ。よって、迫害に遭っても挫折せず、それ自身を「喜び」ととらえる心の幅がでてくる。これもレジリエンスを考える上で、重要なポイントであろう。

第五章　代受苦

本章では、罪業苦から一歩進んで、代受苦を扱う。罪業苦が伝統仏教の苦の受容なら、代受苦は大乗仏教の苦の受容である。日蓮は大乗経典である法華経の行者であるから、代受苦に対する態度にこそ、大乗教徒たる日蓮の真の姿が確認できるであろう。ここには過去の業に縛られるという暗い影はなく、他者に代わって苦を受容しようとする積極的な菩薩の理想像がある。

大乗仏教の社会性

代受苦の説明に入る前に、その前提となる大乗仏教の社会性について整理しておく。大乗仏教以前の伝統仏教では、個人が自らの有限性に気づき、自らの苦と正面から対峙し、最終的には出家して輪廻から解脱することを目指した。つまり、初期の仏教は個人的な宗教だったのである。無論、初期の段階で「慈悲」も説かれたが、あくまで修行は個人レベルのものであった。

しかし、空思想により、自己と他者との垣根は取り払われ、一方が他方、そして他方が一方に影響を与えあう関係になると、理想とする実践道にも変化がみられるようになる。伝統仏教においてはさまざまな実践道が考えだされ、最終的には三十七菩提分《さんじゅうしちぼだいぶん》としてまとめられていくが、その中心は以下の八正道《はっしょうどう》である。

①正見《しょうけん》：正しく物事を見極めること
②正思《しょうし》：正しく思惟《しゆい》（思考）すること
③正語《しょうご》：正しく語ること
④正業《しょうごう》：正しく身体的な行為を行うこと
⑤正命《しょうみょう》：規則正しい生活をすること
⑥正精進《しょうしょうじん》：正しく努力すること
⑦正念《しょうねん》：正しく注意力を発揮すること
⑧正定《しょうじょう》：正しく精神集中を行うこと

これに対し、大乗仏教の時代を迎えると、八正道に代わって新たに六波羅蜜《ろくはらみつ》という実践道が考案された。「波羅蜜」とは古代インド語「パーラミター」を音写したもので、さまざまな語源解釈があるが、ここでは「成就・完成・最上」を意味する語と理解しておく。では両者を比較し、大乗仏教の特徴を浮き彫りにしてみよう。六波羅蜜と八正道の対応関係は以下のとおり。

①布施《ふせ》波羅蜜　→　対応なし
②持戒《じかい》波羅蜜　→　正思・正語・正業・正命
③忍辱《にんにく》波羅蜜　→　対応なし
④精進《しょうじん》波羅蜜　→　正精進
⑤禅定《ぜんじょう》波羅蜜　→　正念・正定
⑥智慧《ちえ》（般若）波羅蜜　→　正見

こうして両者を比較すると、八正道に対応しない六波羅蜜の項目は、布施波羅蜜と忍辱波羅蜜だが、この二項目に大乗仏教の特質が見事に現れている。つまり、この二つは対社会的な項目であり、ここに大乗仏教の社会性を認めることができる。他者に布施を実践することは理解しやすいが、ではなぜ忍辱が大乗仏教の実践項目に入ったのか。

おそらくそれは、当時の大乗教徒が伝統仏教に対抗して自分たちの教えを弘通する際、相当な困難や迫害があったことを反映していると推察される。伝統に培われた力は相当に手強い。ちょっとやそっとでは微動だにしない。そこに揺さぶりをかけようとすれば、さまざまな方策が必要だ。その思想的根拠が法滅思想であった。これが大乗仏教宣揚の思想的根拠となる。「古い法は滅した。だから今、新たな法が求められている」と説くことで、自分たちの新たな教えを正当化しようとした。とくに法華経は「方便品」でシャーリプトラの三度に亘る説法懇願を受け、ブッダが法華経の説法をすることを「第二の法輪が転じられた」とまで表現している。

一方、これを実践的な面から支えたのが忍辱波羅蜜だ。大乗仏教を社会に向かって唱導するには多くの困難が予想されるが、それに耐え忍ぶこと（忍辱）が大乗仏教徒に求められ、実践項目として追加されたのであろう。大乗弘通の困難さは大乗仏教全般に通底するが、法華経はその度合いがかなり高かった。法華経の随所で強調される「忍辱」は、当時の迫害の度合いの強さを物語っている。

ともかく、他者に働きかける側からすれば、その行為（布施など）が自業自得の原則に阻止され、まったく他者に影響を及ぼさないとしたら、それは実に空しい。そうした働きかけをする側の要請からしても、自業自得の原則は空の思想によって見直される必要があった。

『開目抄』の代受苦

まず佐渡流罪中に著された『開目抄』の代受苦からみていこう。第七章には、法華経を実践的に読み込む日蓮の姿が確認できる。日蓮は自らが経験する数々の法難の理由を、法華経の記述に基づいて解明しようとする。日蓮が言及する法華経の記述をまとめて紹介しよう。

・法師品《ほっしほん》：法華経を説けば、釈尊が在世当時でさえ、怨恨や嫉妬が多かった。釈尊滅後は言うまでもない
・譬喩品《ひゆほん》：法華経を読誦し書写する者を見て、彼らを軽んじ、卑しみ、憎み、妬み、恨みを抱く
・安楽行品《あんらくぎょうほん》：一切世間には怨恨が多く、真実の教えを信じにくい
・勧持品：さまざまな無知の人は法華経に対し悪口を言ったり、罵ったりする／国王・大臣・婆羅門《ばらもん》・居士《こじ》に対し、法華経を誹謗し、私（ブッダ）の悪を説き、私を邪見の人と言う／法華経を説く人はしばしば国外に追放される
・常不軽菩薩品《じょうふきょうぼさつぼん》：人は杖・木・瓦・石などで法華経の行者を打ちのめす

このように、法華経の記述に基づき、法華経の弘通には受難がつきものであることを確認する。さらに日蓮は、中国の智顗などの典籍から同様の記述を導き出す。それをつぎにまとめてみよう。

智顗『法華文句』：法華経に対して釈尊在世当時でさえ怨嫉《おんしつ》を抱く者がいた。まして

や釈尊入滅後の未来においては言うまでもない

東春《とうじゅん》『天大法華疏義纘《てんだいほっけしょぎさん》』：釈尊在世当時、数多の怨嫉があった。仏滅後、この経（法華経）を説くとき、どうして迫害が多いのか。答えて言う。俗に「良薬は口に苦し」と言うではないか。（中略）これらの人々はことごとく法華経の行者を迫害する。法華経「法師品」に「怨嫉が多い」という経文は決して空言《くうげん》ではないのである

インド・中国とくれば、つぎは日本の番だ。日蓮は、最澄の文献からも受難の確証を得ようとする。日蓮は最澄の『顕戒論《けんかいろん》』や『法華秀句《ほっけしゅうく》』を引用しながら、「南都六宗《なんとろくしゅう》の僧綱《そうごう》が最澄との論争に破れて、かえって最澄を迫害し、法華経の行者が怨嫉を受けるのは当然だとする法華経の所論は真実であること」、また「時代は像法の終わりで末法のはじめ、地域は唐（中国）の東の外れの辺地、人間は五濁悪世で騒乱の時代に生きている。法華経に「釈尊在世当時でも怨嫉は多い。仏滅後は言うまでもない」」ことを確認する。

そして日蓮は智顗や最澄と自分とを比較し、「日蓮の法華経理解は智顗や最澄には千分の一にも及ばないが、法難に対する忍耐、一切衆生に対する慈悲が誰にもまして優れていることは、自分自身が恐れ戦《おのの》くほどである」と言う。

さて、ここで注目すべきは、自らの受難を正当化する理由として、「法華経の行者は迫害

に遭うというブッダの予言を実現するために、自らが迫害に遭う」と日蓮が考えている点だ。法華経は随所で「ブッダ在世当時でさえ、法華経の行者が迫害に遭う。仏滅後は言うまでもない」と説いていた。もしも自分（日蓮）が迫害に遭わなければ、ブッダは嘘をついたことになるから、ブッダの予言を真実ならしめるために、自ら迫害に遭ってブッダの予言の正しさを証明するという。当該の箇所をみてみよう。

今の世の中を見ると、日蓮以外の僧たちの中に、誰が法華経のために諸人に悪口を言われたり、罵られたり、刀杖《とうじょう》などを加えられたりしている者がいようか。日蓮がいなければ、「勧持品」の一偈《げ》にある釈尊の予言は妄語（嘘）となってしまう。（中略）今の世の念仏者・禅宗・律宗の法師が法華経の行者である日蓮を迫害することがなければ、釈尊はまた大変な妄語の人となってしまう。

この後、自分の流罪がなかったならば、法華経の経文は意味をなさなくなると日蓮は言い、自らの流罪を正当化していく。自分がこの世に現れ、迫害に遭ったことで、法華経にあるブッダの予言が証明されたことになるから、幕府からお咎めを受けることは喜びであるとさえ言い切る。そして、当該の章を閉じるにあたり、日蓮はこう述べる。

まだ煩悩を断じていない小乗の菩薩が「願って他者と悪業を共有する」と言って、地獄に堕ちて父母が悲惨な苦を受けるのを見て、作りたくもない罪ではあるが、形どおりに悪業を作り、願って地獄に堕ち、同じように苦しみ、その苦を父母に代わって受けるのを喜びとするようなものである。私の場合もこれと同じである。今生の法難は耐えられないかもしれないが、未来の悪道から脱出できると思えば、喜びである。

ここに自らの受難を代受苦としてとらえる日蓮の姿がある。『富木殿御返事《ときどのごへんじ》』の最後には、「なんと幸せなことでしょう。我が身の受難の人生が法華経「勧持品」の「仏滅後の法華経の行者はしばしば迫害を受け追放される」という経文に一致するとは」とあり、自らの受難はブッダの予言が命中したことを意味すると解釈する。

『諫暁八幡抄《かんぎょうはちまんしょう》』の代受苦

つぎに、『開目抄』の後に著された『諫暁八幡抄』の代受苦をみていこう。この書は、日蓮が五九歳のとき、鎌倉鶴岡八幡宮《つるがおかはちまんぐう》の焼失を契機として述作《じゅっさく》された。この焼失は、日本を救おうとしている日蓮を、八幡の氏子である北条氏が迫害するのを処罰しないから天に攻められたのか、あるいは八幡大菩薩はブッダの垂迹《すいじゃく》であるから、この謗法の国を見捨てて、宝殿を焼き払って天上に上られたためかと指摘する。しかし八幡は天に上るといっても、真の法華経の行者があるなら、その頭に住むであろうと言って、八幡大菩薩に法華経の行者を守護するよう諫暁したものだ、と説く（渡辺・小松［1992］）。

その中に、日蓮に敵対する真言・念仏・禅などの者たちを折伏《しゃくぶく》する必要性を説く箇所がある。まず日蓮は、自分が法華経を弘通しながら、法華経が広まらないばかりか、かえって法難に遭うのは、四箇格言で他宗を折伏するからではないかと愚案をめぐらす弟子たちに、こう問いかける。

真言師・念仏者・禅宗者たちに向かって、「南無妙法蓮華経」と唱えるように勧めてみよ。真言師は「法華経を読むよりも真言を唱えた方がよい」、念仏者は「南無妙法蓮華経は念仏の妨げになるから、題目は唱えない」、そして禅宗者たちは「教外別伝《きょうげべつでん》により、法華経を含めた一切経《いっさいきょう》は覚りを得る手段でしかない」と言うだろう。どうすれば、南無妙法蓮華経という良薬を彼らの口に飲ませることができるか考えてみよ（取意）。

法華経以前に説かれた教えはすべて方便であり、最終的には真実を説いた法華経に帰入すべきという教えに基づいて、日蓮は方便の教えに執着する真言師・念仏者・禅宗者たちを何としても法華経に導き入れなければならないという使命感から、以上のような問いを発したのである。

法華経「方便品」の中でブッダが「余経《よきょう》を説いて法華経を説かないのは、法を惜しんだことになり、法華経を説かずに入滅したら、愛する子に財産を譲ることを惜しみ、病人に薬を与えず死に至らしめるようなものだから、慳貪《けんどん》の罪で地獄に堕ちることになる」と説いていることを引用し、日蓮は彼らを折伏する必要性を強調する。

この後、日蓮は「法華経を直接謗《そし》らなくても、法華経以前の諸経を称讃すれば、それは法華経を謗ることと同罪だ」とも言う。積極的に法華経を謗れば謗法の罪になるが、法華経以外の諸経を称讃しても法華経を謗った罪になるのだ。これまで謗法の罪を誰も明らかにしなかったから、この四〇〇余年の間に一切衆生は皆、謗法の者となり、彼らは皆、地獄に堕ちてしまったと日蓮は嘆く。そしてこれを踏まえ、最後にこう述べる。

このような惨状を見ながら、真実に偽り、愚かにして真実を言わなかったならば、日蓮も一緒に地獄に堕ちて、一分の罪もない我が身が、十方の大阿鼻地獄《だいあびじごく》を経巡《へめぐ》らなければならないだろう。どうして身命を惜しんでいられようか。涅槃経に「一切衆生がそれぞれの業因によって受ける苦は、ことごとく如来一人の苦である」等と言われている。それと同じように日蓮は「一切衆生が受ける堕地獄《だじごく》の苦は、ことごとく日蓮一人の苦である」と言わなければならない。

日蓮が自分に敵対する者たちを折伏するのは、彼らが地獄に堕ちるのを防ぐためであり、それによって彼らは堕地獄の苦を回避できるが、そのかわり日蓮がこの世で迫害による苦を受けることになるので、結果として彼らの苦を日蓮が引き受けることになる。

法華経こそ真実の教えであるということを人々に告げなければ地獄に堕ちるし、告げたら告げたで迫害に遭い、今生で地獄の苦を経験することになるが、同じ地獄の苦を味わうなら、法華経の行者として本来の使命を果たすという後者の苦を日蓮は選択したのである。彼らが来世で受けるべき堕地獄の苦を、自分が今生において受難という形で受けているというのであるから、これぞまさに菩薩の代受苦というにふさわしい。

出典となった法華経

法華経の行者である日蓮が法華経で説かれている話に影響を受けたのは当然であり、ここまで断片的に紹介してきたが、ここであらためて日蓮の受難正当化の典拠となった法華経に直にあたって確認してみよう。さきほどみた『開目抄』の引用の順番にしたがって紹介するが、最後の「常不軽菩薩品」は特別なので、ここでは省略し、次章であらためて取り上げる。では「法師品」から。

①「法師品」

「法師品」は、法華経を聞いて喜ぶ者は未来世に成仏し、逆に誹謗する者は如来を罵るよりも罪が大きいとするなど、法華経受持の功徳を説く章である。日蓮が引用する当該の箇所は「而此経者　如来現在　猶多怨嫉　況滅度後（而も此の経は、如来の現在にすら猶お怨嫉多し。況んや滅度の後をや）」であり、ブッダが薬王《やくおう》菩薩《ぼさつ》に告げた内容となっている。さらに、この漢訳に相当するインド原典の訳を示せば、以下のとおり。

> これらすべての経説の中で、この経説（法華経）はすべての世の中に受け入れられず、またすべての世の中から信じられていないのだ。それはまだ如来の心の内なる教えの秘密で、如来の力によって完全に護持されていて、いまだかつて暴かれたこともなく、いまだかつて見られたこともなければ、いまだかつて示されたこともない。この経説は如来が生きている現在でも多くの人々から斥《しりぞ》けられている。ましてや、如来

が入滅した後には、なおさらのことである。

漢訳よりは長めの内容になっているが、主旨は同じである。この後、ブッダは薬王菩薩に仏滅後の法華経弘通の心構えを以下のように説き示す。

仏滅後、求法者がこの経説を人々に説き示そうとすれば、如来の室に入り、如来の衣を着け、如来の座に坐って広くこの経説を説くべきである。如来の室とは、一切衆生に対する大慈悲の心、如来の衣とは柔和《にゅうわ》忍辱《にんにく》の心、そして如来の座とは一切法の空である。この中に安住し、怠け心なく、広くこの法華経を説くべきである。

このように、慈悲の心、忍辱の心、無執着（空）の心の重要性が強調される。慈悲と無執着の心はともかく、法華経を理解する上で重要なのが忍辱の心である。日蓮自身もそうであったように、古代インドにおいても、法華経の教えを弘めるにあたっては、相当の苦難があったと推察される。すでにみたように、法華経では布教の困難さが随所で説かれているからだ。

「法師品」ではこの後、「若説此経時　有人悪口罵　加刀杖瓦石　念仏故応忍（若し此の経を説く時、人有りて悪口し罵しり、刀・杖・瓦・石を加うとも、仏を念ずるが故に応に忍ぶべし）」という表現もみられるので、法華経の弘通には、慈悲の心と無執着（空）の心に加え、忍辱の心が必要不可欠であった。

②「譬喩品」

「譬喩品」は、その前の「方便品」で説かれた一仏乗の教えを聞いて喜んだシャーリプトラにブッダが成仏の記別《きべつ》（予言）を授け、「三車火宅の喩え」で、実際は一仏乗だが三乗を説いた理由を明かす章である。そしてその最後で、法華経を信受することの功徳と誹謗することの恐ろしさを説くが、この中に日蓮の引用する箇所がある。

若仏在世　若滅度後　其有誹謗　如斯経典　見有読誦　書持経者　軽賤憎嫉　而懐結恨此人罪報　汝今復聴　其人命終　入阿鼻獄（若しは仏の在世に、若しは滅度の後、其れ斯くの如き経典を誹謗するもの有りて、経を読誦し書して持する者を見て、軽賤《けいせん》し憎嫉《おんしつ》し、而して結恨を懐かば、此の人の罪報を、汝は今復た聴け。其の人は命終して阿鼻獄に入らん）

この後、延々と法華経を誹謗する者の悲惨な境涯が説かれる。さて日蓮が引用する箇所

（傍線部分）だが、インド原典は漢訳と少し異なり、「私（仏）の在世中であれ、あるいは入滅した後であれ、このような経典（法華経）を捨て去って、あるいは法華経を護持する僧たちに過酷な態度を取る人々が受ける報いを、お前は聞くがよい」と説く。内容は若干異なるが、いずれにせよ法華経を蔑ろにする人々が報いを受けるという点では共通する。

③「安楽行品」

「安楽行品」は、仏滅後に法華経の護持者が行うべき四つの特性を説明する章である。日蓮が引用する該当箇所は「一切世間多怨難信《いっさいせけんたおんなんしん》（一切世間には怨多くして信じ難し）」であろうが、それは「法華経の護持者が勇敢に弘通するのを見て仏は喜び、世間からは歓迎されず信じがたいという理由で以前には説かなかった経説（法華経）を説いた」という文脈で説かれている。

④「勧持品」

では最後に「勧持品」の用例である。この章は薬王菩薩と大楽説菩薩《だいぎょうせつぼさつ》および従者の菩薩たちが、仏滅後も身体と生命を捨ててでも法華経の宣揚を誓うので、仏滅後の法華経弘通がテーマとなっている。ではこれを踏まえ、当該の箇所を確認してみよう。まず最初の出典は「有諸無智人　悪口罵詈等　及加刀杖者　我等皆当忍（諸の無智の人の、悪口や罵詈等し、及び刀杖を加うる者有らんも、我等は皆、当に忍ぶべし）」である。これはインド原典も同じである。次の出典は以下のとおり。

向国王大臣　婆羅門居士　及余比丘衆　誹謗説我悪　謂是邪見人　説外道論議我等敬仏故　悉忍是諸悪（国王・大臣・婆羅門・居士及び余の比丘《びく》衆に向かいて誹謗し、我が悪を説きて、「是れ邪見の人なり。外道の論議を説くなり」と謂わんも、我等は仏を敬うが故に悉《ことごと》く是の諸悪を忍ばん）

ここでも最後に「諸悪を耐え忍ぶこと」が説かれ、また最後の用例「数数見擯出《さくさくけんひずい》（数数ば擯出を見て）」も、これを「皆当忍是事（皆な当に是の事を忍ぶべし）」とし、忍辱を強調する。これらの用例は仏滅後の法華経弘通の困難さを如実に物語り、その困難さに耐え忍ぶことが法華経の行者の要件となる。法華経を色読した日蓮は、これらの記述をただ経典の記述として客観的に読んだのではなく、当に自分の身に置き換えて主体的に受け取ったのであり、経典の記述に自分を重ね合わせて自らの受難を正当化していった。

回向《えこう》の思想

ここでは、代受苦と対をなす回向の思想についても取り上げよう。なぜこの二つが対になるのか。それは、空思想に基づき、代受苦が「他者の悪を引き取る」のに対し、回向は「自己の善を他者に分け与える」ことを意味するからだ。回向には内容転換の回向と方向転換の回向とがあるが、この回向についても貯金を例に取りながら説明する（梶山［1983］）。

善業を積むことが貯金に喩えられることはすでに説明したが、お金が貯まれば家を買えるし車も買える。これが内容転換の回向だ。貯金（お金）が家や車に姿を変えるので、貯金という内容が家や車に変化（転換）したことになるからである。一方、方向転換の回向は、貯めたお金を寄付や寄進などによって他人に譲渡することを言う。自分で稼いだお金を自分のために使わず、それを借金のある人に布施すれば、それで借金は清算され、なくなる。

これと同じように、悪業を積んで身動きのとれなくなった悪人に対し、仏や菩薩が積んだ膨大な功徳が回向され、それによって悪人は過去の悪業を相殺するという理屈が成立する。最もわかりやすい例は阿弥陀仏の回向（救済）だ。阿弥陀仏は長時に亘る修行を重ねて仏となったが、そこで積んだ無量の功徳（貯金）を自分のために使用するのではなく、一切衆生に回向（借金の肩代わり）した。つまり、功徳の向かうベクトルを自分自身から他者へと転換したのである。これは自業自得の原則を破るものではあるが、空思想に基づけば、業の因果論そのものを決して否定するものではない。

先祖崇拝と結合した日本仏教の儀礼の一つに回向がある。僧侶を招いて法要を実施し、読経や唱題・念仏などの実践によって功徳を積み、その功徳を自分のためではなく、死者(先祖)に回し向けて冥福を祈る儀礼であるが、これも方向転換の回向である。ではこれを踏まえ、日蓮の著作にみられる方向転換の回向の用例を紹介しよう。

①遺龍《いりゅう》の回向

まずは『上野尼御前御返事』にみられる用例から紹介する。日蓮はこの中で『法華伝記』の説話を引用するが、そこに回向の思想が確認できる。

昔、中国に烏龍《うりゅう》という書道の大家がいた。彼は仏法を敬わず、仏教の経典は書写しないという願を立てた。彼は臨終に際し、子の遺龍に「法華経を書写してはならぬ」と遺言して亡くなり、息子もその遺言を守ることを誓った。そのときの国王は仏法を信じ、とくに法華経を厚く信仰していたので、王は遺龍に法華経の書写を命じた。遺龍はそれを断ったが、王は強権を発動し、法華経八巻の題目だけでよいから書写するように命じたので、遺龍はいやいやながらもその命に従い、題目だけを書いて王に献上した。

王の命とはいえ、父の遺言に背いた遺龍は父の墓前で涙を流し断食したので、危篤状態になった。三日後、仮死状態で夢幻の世界をさまよっていると、大空に天人が立っていた。父の烏龍である。彼は息子にこう告げた。「私は生前、仏法を蔑ろにし、とくに法華経を軽んじたせいで、無間地獄に堕ち、長きに亘って苦しんだ。あるとき、そこに仏が現れ、苦痛が和らいだ。理由を尋ねると、『私はお前の息子が書いた「妙法蓮華経」の「妙」という一字である』と答えた。その文字が仏となって、無間地獄は常寂光土となったのであり、それを告げるために私はお前の前に現れたのだ」と。

遺龍が「私が書いた題目で、なぜ父上が救われるのですか。しかもいやいや書いたのですよ」と尋ねると、父はこう答えた。

お前は思慮が足らぬ。お前の手は私の手、お前の体は私の体である。だからお前が書いた字は私が書いた字なのだ。お前は仏法を心から信じていたわけではなかったが、その手で法華経の題目を書いたので、その功徳により、私は救われたのである。

このように、空思想に基づき、自己と他者とが融合し、息子の功徳が父に回向されることで、父の悪業を消滅させている。回向の思想もさることながら、ここでは法華経の題目にそれほどの功徳があることが強調されている。

②目連の回向

つぎに紹介するのは『盂蘭盆御書《うらぼんごしょ》』の用例である。ここでも法華経を信じる功徳がその本人のみならず、他者に及ぶことを説いている。

目連尊者が法華経をお信じになった大善は、我が身が仏になるのみならず、父母もまた仏になられるのです。さらには過去七代と未来七代、過去無量の生と未来無量の生における父母はすべて仏になられるのです。ないし、子息・夫妻・従者・檀信徒など、無量の衆生は三悪道を離れるのみならず、皆、菩薩の階位の第一段階である初住に入り、最後には妙覚の階位に至って仏になります。よって、法華経第三巻「化城譬品《けじょうゆほん》」に「願わくば、この功徳をもって普くすべての人に施し、我等と衆生と皆ともに仏道を成就しましょう」と言うのです。

③日蓮の回向

では最後に、日蓮自身が回向する用例をみていく。出典は『本尊抄問答《ほんぞんしょうもんどう》』である。この書は冒頭で末代悪世の凡夫が本尊とすべきは法華経の題目であることが説かれているが、それを承け、当該の箇所ではつぎのように回向が表現される。

このご本尊（法華経の題目）は釈尊がお説きになってから、二二三〇余年の間、閻浮《えんぶ》提《だい》（全世界）の中で、いまだかつて弘通した者はおられない。中国の天台大師（智顗）や日本の伝教大師《でんぎょうだいし》（最澄《さいちょう》）はほぼそのことをご存じであったが、少しも弘通されなかった。末法の今こそ弘通すべき時にあたる。

法華経には「上行《じょうぎょう》菩薩や無辺行《むへんぎょう》菩薩などが出現して法華経を弘通させる」とあるが、いまだ出現されていない。日蓮はその菩薩に匹敵する者ではないが、ほぼ心得ているので、地涌の菩薩が出現されるまでの先駆として、だいたい法華経を弘通して、法華経「法師品」にある「況滅度後《きょうめつどご》（仏滅後に迫害に遭うことは言うまでもない）」の矛先に当たったのだ。願わくば、この功徳をもって父母と師匠と一切の衆生にご回向申し上げると祈念したい。

日蓮は法華経弘通の功徳を一切衆生に回向すると宣言する。本来回向は、②の最後の法華経「化城諭品」や③の日蓮の言葉のように、誰にどう回向するかを表明するのが普通だが、①のように自動的に回向されてしまうという用例は珍しい。ともかく、回向は自ら積んだ功徳で他者の苦を和らげたり、他者に成り代わって善を積む行為であるから、基本的な構造は代受苦と共通している。

第六章　菩薩の自覚

前章を承け、本章では日蓮の菩薩としての生き方をみていく。菩薩の特徴とも言える日蓮自身の代受苦の用例は、文言としては一例しか見いだせなかったが、受難に耐える日蓮の生き方が、他者が本来受けるべき苦を代わって日蓮が受けるという菩薩の代受苦の実践そのものであるとも言える。本章では菩薩の自覚を持ち、菩薩としての覚悟を決めて生きる日蓮の姿を追ってみよう。

法華経の常不軽菩薩

日蓮にとって、法華経「常不軽菩薩品」は決定的に重要であった。そこでまず「常不軽菩薩品」の内容を確認しておく。ここに登場する常不軽菩薩が、宮沢賢治の「雨ニモマケズ」のモデルになっていることは有名だ。ブッダは自分の前生である常不軽菩薩のことを、つぎのように説明する。

昔々、威音王如来《いおんのうにょらい》が世に現れ、般涅槃した後、正法が消滅し、正法に似た教えも消滅しつつあった頃、かの世尊《せそん》の教誡《きょうかい》が思いあがった（増上慢《ぞうじょうまん》の）比丘たちに攻撃されるということが起こった。そこに、常不軽という菩薩の比丘がいた。なぜそう呼ばれていたかというと、その菩薩は男性の出家者や女性の出家者、あるいは男性の信者や女性の信者の誰に対しても、つぎのように言っていたからだ。

「皆さん、私はあなた方を軽蔑いたしません。あなた方は軽蔑されません。それはなぜかというと、あなた方は皆、菩薩行を行ずれば将来、如来・阿羅漢・等正覚者《とうしょうがくしゃ》となるお方だからです」

このように、誰に会っても常に軽蔑しなかったのが「常不軽」という名前の由来である。こうして彼は経典を読誦することなく、専らこの礼拝行を実践したが（但行礼拝《たんぎょうらいはい》）、彼にそう言われた者たちは彼に腹を立て、悪意を抱いて非難した。

「どうしてこの出家者は聞かれもしないのに、軽蔑の心を持たないなどと我々に説き示すのか。無上正等菩提《むじょうしょうとうぼだい》を得るであろうと、望んでもいない虚偽の予言を我々に与えるなんて、我々自身を軽蔑している」

このように常不軽菩薩に言うと、人々は彼に土塊や棒きれを投げつけた。こうして多くの年月が過ぎ去ったが、常不軽菩薩は誰にも腹を立てず、悪意を起こさなかった。死期が近づいたとき、彼は空中からの声で法華経を聞いた。二〇〇億劫《こう》という長い間、彼は神通力で自分の寿命を持続させ、法華経を説き明かした。以前は彼を軽蔑していた者たちも彼に従う者となり、また彼は別の多くの衆生を無上正等菩提に導き入れた。

彼はそこで臨終を迎えると、多くの如来たちのもとで法華経を得て、それを説き明かし、最後には無上正等菩提を獲得したが、その常不軽菩薩こそブッダ自身であったと最後に明かされる。また過去世で法華経を受持していたからこそ、このようにすみやかに無上正等菩提を覚ったとブッダ自身は語る。

「常不軽菩薩品」では、過去世のブッダが迫害に遭いながら法華経を説示した様子が説かれるが、それは過去の話でありながら、未来の仏滅後における法華経護持者のあるべき態度と重ねて説かれているので、「法師品」と同じく共通のテーマは仏滅後の法華経護持者の伝道における態度およびその功徳ということになる。よって日蓮もこの話から大いに刺激を受け、常不軽菩薩を自分と重ねて理解するのも自然の流れであった。

常不軽菩薩との同一視

ではつぎに、日蓮が常不軽菩薩と自分を同一視する用例をみていくが、その前に、日蓮自身が自らの形容句として使う「法華経の行者」について説明しておこう。

日蓮は法華経を色読したことにより、伊豆流罪の頃から法華経への傾倒を急速に進め、天台的な〝法華至上〟から、色読に基づく〝法華独勝《ほっけどくしょう》〟へとその信を深めていった。法華独勝の立場を確立した日蓮は、さらに法華経の権威を自分に移し替えようとして、自らを「法華経の行者」と規定するようになる。

平安時代には法華経の持経者《じきょうしゃ》がすでに存在しており、彼らは法華経を信受し、「受持・熟読・暗誦《あんじゅ》・解説・書写」という五種類の修行を実践し、唱題も持経者によって行われていた（高木［1973］）。しかし、日蓮は「法華経の行者」を自称することで、「法華経の持経者」と一線を画し、自らの立場の独自性を鮮明にした。

「法華経の持経者」は単に法華経を受持・熟読・暗誦・解説・書写するだけだが、「法華経の行者」はブッダの命を受け、命を懸けて法華経を弘通し、迫害を忍受する。日蓮は法華経所説の殉教者（＝法華経の行者）に自らを重ね、法華経の持経者とは別次元の新たな生き方を確立した。こうして、〝天台沙門〟として出発した日蓮は、色読を通じて〝法華経の行者〟に脱皮したが、その背景には常不軽菩薩と自己との同一視があると考えられる。では、常不軽菩薩に自分を重ねる日蓮の姿を確認してみよう。

『聖人知三世事《しょうにんちさんせじ》』では端的に「日蓮は法華経の行者である。常不軽菩薩の跡を継承するからだ」と述べている。また『種種御振舞御書』や『清澄寺大衆中《せいちょうじたいしゅうちゅう》』では、自分が迫害に遭うことの例証として、法華経の「常不軽菩薩は法華経弘通に際し、杖木で打たれた」ことに言及した後、つぎのように述べる。

> 『種種御振舞御書』：常不軽菩薩は増上慢の出家者たちに杖で打たれ、一乗（法華経）の行者と言われるようになりました。今、日蓮は末法に生まれて妙法蓮華経の五字を弘めたために、このような責め（迫害）に遭うのです。
>
> 『清澄寺大衆中』：二〇余年の間、法華経が勝れていることを説き続けました。そのせいで居場所を追い出され、あるいは流罪となりました。昔は常不軽菩薩が法華経を弘通して杖木で打たれましたが、今は日蓮が法華経の弘通により刀剣に当たっているのです。

さらに『種種物御消息《しゅじゅのものごしょうそく》』では「日蓮は法華経を誹謗する国に生まれたので、威音王仏《いおんのうぶつ》の末法の常不軽菩薩のようである」とも言うが、『撰時抄』では「日蓮の受難はかの常不軽菩薩が杖木の難に遭ったことよりも勝れている」とさえ言う。

常不軽菩薩の罪とは？

さて、このような同一視については、一点だけ注意を要することがある。それは常不軽菩薩の受難を、彼の過去の悪業で説明する点だ。これは鳩摩羅什訳の法華経のみにみられる記述で、極めて簡単ながら「其罪畢已《ございひっち》（其の罪、畢《お》え已りて）」とするが、インド原典やチベット訳、それに他の漢訳二本にもみられない。では当該箇所のインド原典を鳩摩羅什訳の漢訳と比較してみよう。

鳩摩羅什訳：其の罪、畢え已りて、命終の時に臨み、この経を聞くことを得て、六《ろっ》根清浄《こんしょうじょう》なり。

インド原典：死期が近づいたときに、彼はこの経典を聞いた。そのとき、かの賢者は死ぬことなく、長い寿命を我がものとした。

このように、「其罪畢已」に相当する原語はない。では、日蓮は鳩摩羅什の漢訳をどう解釈したのか。『開目抄』および『転重軽受法門《てんじゅうきょうじゅほうもん》』の用例をみてみよう。

『開目抄』：法華経「常不軽菩薩品」には「その罪、畢え終わって」等とある。常不軽菩薩は過去世に法華経を誹謗した罪が身にあるので、瓦や石を投げつけられたと理解している。

『転重軽受法門』：常不軽菩薩が悪口を言われ、罵詈され、杖木や瓦礫《がれき》を投げつけられたのは理由のないことではなかった。それは彼の過去世で正法を誹謗したからだと考えられる。経文には「其罪畢已」と説かれているのは、常不軽菩薩が難に遭ったことで、過去の罪が消滅したと思われるのである。

法華経には「其罪畢已」としか説かれていないのに、日蓮はその罪の内容を「正法（法華経）の誹謗」と限定して理解する。日蓮自身、経典に典拠がないことを自覚しているので、「と理解している／と思われる」と断定を避けた表現をとってはいるが、この解釈は日蓮にとって決定的であった。この「其罪畢已」は漢訳段階での鳩摩羅什の加筆であることがSuzuki［2017］によって論証されているが、そのような歴史的経緯は日蓮にとっては問題ではなく、「常不軽菩薩が過去世で罪を犯していた」という事実が重要なのである。

なぜか。

常不軽菩薩こそ自分の模範であると考えた日蓮にとって、常不軽菩薩と自分との共通点は多いほど都合がよい。より身近に感じられるからだ。法難に遭ったという点で、二人の境涯は見事に重なる。これはこれでよい。問題はその受難の理由だ。

法華経に帰依する以前、日蓮は念仏に心を寄せていた時期があったり、あるいは密教を法華経の上位に置いていたこともあり（間宮［2017］）、それは結果として法華経を誹謗したことになる。その法華経誹謗の罪を受難の理由として正当化した日蓮が常不軽菩薩と自己との同一視をさらに強固なものにするには、この過去の罪についても常不軽菩薩と共通点を見いだすことが必要だった。そこで日蓮は「其罪畢已」の四文字に注目し、常不軽菩薩に受難をもたらした罪として「正法（法華経）の誹謗」を想定し、これについても日蓮は常不軽菩薩との同一視を試みた。

もし法華経「常不軽菩薩品」で受難の理由が「ブッダの方便（ブッダは業報を超越した存在だが、法華経弘通の困難さを衆生に示現するために、方便としてあえて災難に遭ってみせた）」などと超越的な視点で説明されていたら、日蓮は自分と常不軽菩薩とを重ね合わせることは到底できず、日蓮の教学は組織されていなかったかもしれないし、そうなればSuzuki［2017］の言うように、日本仏教の歴史は大きく変わっていただろう。「偉人の苦果」は偉人を身近（リアル）に感じさせ、また人を勇気づける働きを持つ。「ブッダでさえ〜なのだから、我々は言うまでもない」と。

徹底した自己肯定

こうして常不軽菩薩に自己を重ねた日蓮は、菩薩の自覚をもって徹底的に自己を肯定していく。それは菩薩の自覚に基づいてのことであり、無条件にそうするわけではなく、謙虚な姿勢も持ち併せていた。まずはこの点を、間宮［2017］に基づき確認する。日蓮は末法に生きる人間の智慧の有限性を自覚し、自らも含めて人間を「愚者」ととらえた。その愚者たる日蓮が、いかにして「師」の自覚を持つに至ったのか。間宮によれば、それは愚者が愚者に徹しきることによって「仏の智慧」を受け取り、まさにそのことゆえに、仏と同じ高みに立って人々を導く「師」たりうるとの自信を得たからだと指摘する。詳細は彼の研究に譲るが、ここでは、徹底した自己肯定の背後には徹底した自己否定（愚者の自覚）があったことを確認し、つぎに進もう。

第四章ですでにみたように、『撰時抄』において、日蓮が三つの予言を言い当てたのは釈迦如来のお陰であるとし、謙虚な態度を取る。同じ『撰時抄』の別の箇所では、「自分は取るに足りない凡夫だが、法華経を持つ身の上では、当世で日本第一の大人である」とも言う。このように法華経の持つ力を称揚する用例は『聖人知三世事《しょうにんちさんせじ》』や『西山殿後家尼御前《にしやまどのごけあまごぜ》御返事《ごへんじ》』にもみられる。

『聖人知三世事』：日蓮は世界第一の聖人であります。（中略）それは決して日蓮が尊貴であるからではありません。法華経のお力が勝れていることによるのです。尊大ぶれば慢心していると思われるし、卑下すれば法華経を軽んじることになります。

『西山殿後家尼御前御返事』：日蓮は日本で一番つまらぬ者ですが、法華経は一切経の中で最高の経典です。（中略）私がろくでもないのに、一転して仏になったら、法華経の偉大な力が現れたことになります。

このほかにも『時光殿御返事《ときみつどのごへんじ》』には「日蓮は聖人ではないですが、法華経のお陰で有名になりました」とも言う。このように、日蓮は謙虚な自己認識も忘れているわけではないが、法華経の力によって、あるいは菩薩の自覚に基づいて自己を肯定していく。自己肯定の表現は『撰時抄』に多く確認できる。以下、それをまとめてみよう。

・日本に仏法が伝わって七〇〇年になるが、伝教大師（最澄）と日蓮以外に法華経の行

者は一人もいない
・日蓮は世界（閻浮提）第一の法華経の行者である
・今、日蓮ほどに法華経を信仰し、国内に多くの強敵をつくった者はない。まず現前の事実をもって日蓮が世界（閻浮提）第一の法華経の行者であると知るべきである
・日蓮が日本第一の法華経の行者であることは疑いない。（中略）世界の中で私に肩を並べる者はいない

『撰時抄』は、日蓮が五四歳のとき、蒙古襲来《もうこしゅうらい》（文永の役《ぶんえいのえき》）を承けて著された書である。このような表現の背景には、日本国の救済は法華経によってのみ可能であり、自分こそがブッダから委ねられた「衆生救済《しゅじょうきゅうさい》の行者（末法の導師）」、あるいは「如来の使い」という認識があったのではないか。最後に、そのクライマックスとも言うべき用例を『撰時抄』から紹介する。蒙古襲来について、日蓮はこう記す。

今に見よ。大蒙古国が数万艘の兵船を浮かべて日本国を攻めれば、上は一人より下は万民に至るまで、一切の仏寺や一切の神社を投げ捨て、各々声を合わせて「南無妙法蓮華経、南無妙法蓮華経」と唱え、合掌して「助け給え、日蓮の御房《ごぼう》、日蓮の御房」

と叫ぶようになろう。(中略) 提婆達多《だいばだった》は釈尊の御身から血を出して五逆罪《ごぎゃくざい》を犯したが、臨終に際し「南無」と唱えた。「南無仏《なむぶつ》」とさえ唱えていれば地獄には堕ちなかったが、悪業が深く「南無」とだけ唱え、「仏」までは及ばなかった。今、日本国の高僧たちも「南無日蓮聖人」と唱えようとしても、「南無」だけで終わるのではないか。かわいそうなことだ、かわいそうなことだ。

このように、日蓮は自分の存在を帰依(南無)の対象にまで高めている。法華経という経典を背景にし、また菩薩の自覚に基づくとはいえ、ここまでくると日蓮の自己肯定に違和感を持つ人もいるかもしれない。このような日蓮の自己肯定にはさまざま解釈があるだろうが、どう解釈すればよいであろうか。以下、私見を示す。

法然との比較

日蓮が自己尊大(高慢)の心から、このような表現をしたとは思えない。基本的な日蓮の自己認識は極めて謙虚なのである。ではなぜ、このような表現になるのか。それは挫けそうな自分を鼓舞しているからと私は考える。鎌倉仏教の祖師たちの中でも、日蓮の受難は群を抜いている。本書でみてきたように、その受難の理由をこれほど詳細に探っていることからしても、その受難の激しさが窺われる。

同じように迫害を数多く経験した法然と比較すると、これほどまでに自分を鼓舞しなければならない理由がみえてくる。二人の浄土観の違いを糸口にこの問題を考えてみよう。法然の場合、求めるべき浄土は死後の西方極楽浄土であるから、この娑婆世界は厭い離れるべき場所となる。また浄土往生を可能にするのは念仏であるから、念仏すれば、後は阿弥陀仏の他力に任せておけばよい。

法然自身は念仏の教えに逢着するまでは、厳しい自己省察《じこせいさつ》に基づき、徹底的に自己を否定した。浄土教は最終的に阿弥陀仏の他力（慈悲）を信受することを目指すので、それを阻む自力は徹底的に否定されなければならない。よって、その自力（自己）が否定されれば、その裏返しとして阿弥陀仏の他力が信受される。たしかに法然も数多の法難を経験したが、それは阿弥陀仏の救済を確信したことからくる喜びで相殺される。さらに、この娑婆世界は厭い離れる対象であるから、それについて思い煩うことはない。

これと比較した場合、日蓮の苦悩が浮き彫りになる。日蓮の浄土観には年齢によって変遷があることを指摘したが、基本的に浄土（寂光土）はこの娑婆世界に建立すべきものである。今、自分が住まうこの世界を浄土に変えなければならないのだが、飢饉は頻発する、天災が襲う、蒙古が襲来する、これが当時の娑婆世界の現状であった。法然なら「だから娑婆を厭い捨て、念仏して極楽往生しましょう」と言えるが、日蓮にはそれが許されない。だから、誰よりも苦悩しなければならないのだ。

どれほど頑張って法華経を弘通しても、世の中は一向によくならず、飢饉や天災など後を絶たない。だが、法華経を護持することで、この娑婆世界を浄土に変えねばならない。この理想と現実の狭間で日蓮は死ぬまで煩悶《はんもん》し呻吟し続けたので、少しでも気を緩めれば、自分という存在自体がいとも簡単に崩壊してしまう。だから、「自分こそは世界第一の法華経の行者なり！」と常に自分を励まし続ける必要があった。

尊大・高慢にもみえる日蓮の自己肯定の表現の背後には、ここで説明したような過酷な現実があったと私は推察する。そのような視点で、日蓮の自己肯定の文言を読み返してみると、日蓮が歯を食いしばって涙をこらえ、「お前は世界一の法華経の行者だ。挫けるな！」と自分に言い聞かせる姿が見えてくる（あくまで私の想像です）。

菩薩としての覚悟

では本章の最後に、菩薩としての日蓮の覚悟と使命とについてまとめておこう。まずは、法華経に自分の命を捧げる決意が表明されている『金吾殿御返事《きんごどのごへんじ》』の用例から。

私の年齢はすでに五〇歳に近くなり、余命もあとわずかです。いたずらに野原に捨てる身を、同じことならば一乗法華経のために捨てて、教えのために身を投じた雪山《せっせん》童子《どうじ》や身を焼いて法華経を供養した薬王菩薩の跡を継ぎ、正法護持のために身を捨てた仙予国王《せんよこくおう》や有徳王《うとくおう》のように後代に名を留め、我が名が法華経や涅槃経に説き入れられますことを念願いたします。南無妙法蓮華経。

つぎは『開目抄』の「受難を覚悟しての発願」である。ここで日蓮はとくに念仏の教えを槍玉に挙げ、道綽・善導・法然の念仏の教えが人々を大乗の仮の教え（権教）どころか、小乗教に陥れ、さらには外道外典《げどうげてん》に堕したと批判する。このことを知っているのは自分だけであるとし、この真実を世間に告げるかどうかについて日蓮は逡巡する。

公表すれば王難が自分に降りかかることは必至であろうし、公表しなければ慈悲の心に背くことになる。「苦難を畏れずに真実を告げよう」という考えと、「王難に遭い、当初の信念を失ってしまうのであれば、最初から告げない方がよいのではないか」という考えの狭間で、日蓮は悩みに悩む。そこで日蓮は法華経「見宝塔品《けんほうとうほん》」の「六難九易《ろくなんくい》」に言及し、ここに至って真実を告げる決心をする。六難九易とは、仏滅後に法華経を弘通する上で、六つの難しいことと九つの易しいことを言う。九易はすべて不可能なことばかりだが、それでも法華経弘通に比べれば易しいという。その内容は以下のとおり。

・六難

①法華経を説くこと　④法華経を持ち説くこと
②法華経を書写すること　⑤法華経を聴受すること
③法華経を読むこと　⑥法華経を奉持すること

・九易

①法華経以外の経典を説くこと
②須弥山を他の仏土に投げること
③足の指で大千世界《だいせんせかい》を動かし、他国に投げること
④有頂天に立って、多くの経典を説くこと
⑤手に大空を把《と》って世界を歩き回ること
⑥大地を足の甲に載せて梵天王《ぼんてんおう》のいる天に昇ること
⑦乾草を背負い、激しい火の中に入って焼けないこと
⑧八万四千と言われる仏典を持って人に説き、聴衆に神通力を与えること
⑨数多くの人々を小乗の覚りに到達させ、神通力を与えること

では、これを踏まえ、日蓮の発願を紹介しよう。

我等のような力弱き者たちが須弥山を投げ飛ばすようなことがあったとしても、我等のような神通力なき者たちが乾草を背負って劫火《ごうか》の中に入って焼けないことがあったとしても、我等のような無知の者たちがガンジス川の砂粒ほどある無数の経典を読誦し暗記したとしても、法華経の一句や一偈でさえ末法の世に保持するのは難しいと法華経に書かれているのは、まさにこのことだ。だから私は今度こそは強固なる菩提心を起こして退転しないと発願《ほつがん》したのである。

このように、九易の②⑦⑧に言及しながら、法華経弘通の覚悟を固めている。さらに『報恩抄』と『松野殿御返事《まつのどのごへんじ》』の用例を紹介する。

『報恩抄』：四箇格言によって引き起こされた禍は自分が承知の上で招いた禍であるから、人が私を罵っても、咎めたりはしない。咎めたところで相手は一人や二人ではない。このような受難はもとより覚悟の上である。

『松野殿御返事』：日蓮はどのような大きな罪科があろうとも、法華経の行者です。（中略）南無妙法蓮華経と自らの口で唱えるために、罵られ、打ちつけられ、流罪にされ、命の危険を感じましたが、唱題を人に勧め自らも申しているのであるから、法華経の行者でないはずがありません。

以上のように、日蓮は常不軽菩薩と自分を重ね、法華経の行者であるとの自覚のもとに、忍辱波羅蜜を実践する菩薩としての覚悟を表明するのであった。

第七章　日蓮のレジリエンス

本章では、これまでを総括する意味で、日蓮にみられるレジリエンスの諸相を私なりに分析する。日蓮には、逆境に屈しないばかりか、逆境をバネにさらなる成長を遂げる精神的たくましさがある。その要因は何か。ここでは序章で取り上げた「ベネフィット・ファインディング」や「心的外傷後成長」「代理成長」などをキーワードに、日蓮のレジリエンスを分析してみよう。

反転とは？

ここでは、序章で指摘した「ベネフィット・ファインディング（逆境のよい面を見つめようとする態度）」をもたらす視点について考えてみたい。これは逆境を逆境で終わらせるのではなく、逆境も自分にとって役立つ経験とする態度である。だから、レジリエンスのある人は、逆境をとらえる視点が常人とは大いに異なる。今はこれを「反転」という言葉に置き換えて具体的な事例を紹介し、それを踏まえて日蓮の反転の事例を再確認する。

まず反転の事例としてわかりやすいのは、写真のフィルムのネガとポジである。今はデジカメが普及したためにフィルムは使わなくなったが、現像されたフィルムでは、白いところは黒く、黒いところは白くなる。これが反転である。

つぎは「ルビンの壺」を取り上げよう。これはデンマークの心理学者エドガー・ルビンが考案した多義図形（だまし絵）の一種で、焦点の合わせ方によって、壺に見えたり、人間が向かい合っているように見えたりするので、両方を同時に見ることは難しい。見方によって、壺から向かい合う二人の人間へ、そして向かい合う二人の人間から壺へと見える図形は反転する。

視覚的な事例を二つ出したので、ここからは考え方の反転の事例を扱おう。まずは落語の「一眼国」から。これは「正常／異常」を考えさせる話である。あるとき、ひとりの男が一つ目小僧を見つけた。男は見世物小屋で一儲けしようと考え、その一つ目小僧を追いかけるが、一つ目小僧は捕まるまいと走って逃げていく。こうして男は山深い中へどんどん入っていったが、そこは一つ目の国であった。今度は一つ目たちが、追いかけてきた二つ目の男を見つけて言う。「おい、珍しい二つ目の生き物がいるぞ。あいつを捕まえ、見世物小屋で一儲けしよう」と。一つ目は二つ目の世界では異常だが、一つ目の世界では二つ目が異常となり、正常と異常は簡単に反転してしまう。

落語のつぎは映画を取り上げよう。二〇〇〇年に公開された山田洋次監督の『十五才 学校Ⅳ』だ。これは横浜に住む不登校の一五歳の少年が両親に内緒でヒッチハイクをしながら屋久島の縄文杉を見にいく話である。旅の途中、少年は学校では決して学ぶことのできない人生の勉強を重ね成長していく。そして縄文杉を見ることができた少年は実家に戻り、学校という新しい冒険に挑むのであった。少年にとっては、冒険が学校（学びの場）に、また学校が冒険（危険を承知で冒すこと）へと反転している。

落語や映画はフィクションだが、ここでは実際にあった私の知人の話を紹介する。その知人は日本在住のアメリカ人で、日本人女性と結婚した。いわゆる国際結婚だ。その夫妻には二人の子どもがいた。一般に日本では国際結婚で誕生した子どもを「ハーフ」という。ご多分に漏れず、彼らも小学校ではハーフと呼ばれた。しかしハーフの意味は「半分」なので、言われた子どもは嬉しくない。これが原因で次男は登校拒否になった。

そこで家族会議が開かれ、対策が協議された。時間をかけて種々話し合った結果、その家族は閃いた。「おまえはハーフじゃない。ダブルだ！」と。「父から半分／母から半分」ではなく、「父から一つ／母から一つ」でダブル。このようにハーフからダブルへと思考が反転されたことで、その子は学校に復帰できた。これは、ほんのちょっと視点をずらすことで、人間の行動が劇的に変わる好例と言えよう。

では最後に、日本仏教における反転の典型例を『歎異抄《たんにしょう》』から取り上げよう。ここでは、親鸞が唯円《ゆいえん》の疑問に巧みに答えている用例を紹介する。唯円が親鸞に「念仏を申していても、躍り上がるような喜びも、急いで浄土に参りたいという心も起こりません。なぜでしょうか」と質問すると、親鸞は「それは煩悩のなせる技であるが、そうであるからこそ、往生は確定している。なぜなら、そういう煩悩にまみれた衆生を救済するところに阿弥陀仏の存在意義があるからだ」と答えた。通常、仏教では煩悩は滅すべき対象となるが、浄土教においては救済を確信する条件に反転してしまう。

これを応用すれば、さまざまな苦が楽へと反転する道が開けてくる。たとえば、命も「有るものが無くなる（有→無）」とみれば、愚痴の生活となるが、「本来、無いものが、今、有る（無→有）」と反転させれば、感謝の生活となる。髪の毛も同様（私も視点を反転させ、何とか禿の苦を克服しています！）。

以上、さまざまな領域に点在する反転の事例を紹介してきたが、反転が可能な根拠は、一切が「空」であるからである。一切は空であり、「もの／こと」には実体（永久に変わらない本質）がないからこそ、視点をずらし、見方を変えれば、「もの／こと」の意味あいも変化する。それを端的に示すのが、第一章で紹介したプールナとブッダの対話であった。

日蓮の反転

では、日蓮による反転の事例を検討していこう。まずは浄土観の反転から。通常はこの娑婆世界が穢土で、浄土はこの娑婆世界とは空間的に距離を置いた他方に設定されるが、日蓮はこれを反転させる。『開目抄』の記述を紹介しよう。

法華経以前の諸経や法華経の迹門では、十方世界に浄土があり、この娑婆世界を穢土と説かれていたのを逆転させ、この土（娑婆世界）こそ本土（浄土）であり、十方にある浄土は、仮に姿を現した穢土ということになる。

流罪や法難を前向きに解釈する姿勢についてはすでにみてきたし、この後の「物語化」でも扱うが、ここでは、今まで取り上げなかった用例を一つだけ紹介する。『檀越某御返事《だんおつぼうごへんじ》』の用例である。

今度、もしも流罪になれば、三度目ということになります。そうなれば、よもや法華経も日蓮を怠けた行者とは思わないでしょう。

このように日蓮は受難をあくまで前向きにとらえ、積極的に受容しようとする。苦を苦で終わらせるのではなく、自分にとって有意に意味づけるという態度を取るが、これは自分に敵対する者たちにも応用される。第四章「感謝の念」で紹介したように、『種種御振舞《しゅじゅおふるまい》御書《ごしょ》』では、自分に危害を加えようとした東条景信・平左衛門尉頼綱・北条時宗らに謝意を表し、彼らがいなかったら法華経の行者にはなれなかったと日蓮は喜びを表明していた。同様に『富木殿御返事《ときどのごへんじ》』でも、日蓮はこう記す。

どんなに迫害に遭っても、今さら心を翻すことはなく、いささかの遺恨もありません。悪人は私にとって善知識であります。

ここでは悪人（自分に敵対する人）を明確に「善知識」という言葉で表現する。これはインド起源の言葉（カルヤーナミトラ）で「善き友」という意味であるが、日蓮は法華経「提《だい》婆達多品《ばだったほん》」を前提に、この言葉を使っていると考えられる。では、これについてもう少し詳しく説明しよう。

デーヴァダッタ（提婆達多）にはさまざまな伝承があり、不明な点も多い。一説にはブッダの従兄弟と説く資料もあるが、釈迦族内で何らかの血縁関係にあったのだろう。ともかく、デーヴァダッタはブッダ殺害を試み、山の上からブッダめがけて岩を投げたり、酔象を放ってブッダを殺そうとしたりした。他にも教団分裂の首謀者とされることもあるし、ブッダの妻ヤショーダラーを凌辱しようとしたとする資料もある。ともかくデーヴァダッタはブッダや仏教教団に反逆したことで悪名高いが、そのデーヴァダッタは法華経では善玉化される。では「提婆達多品」の概略を紹介しよう。ここではブッダはつぎのような過去物語を説いて聞かせる。

ブッダは過去世において国王であったとき、無上正等菩提に心を発こし、「私に優れた法を贈り、その意味を教示すれば、私はその者の奴隷になる」と布告した。すると、一人の聖仙が自分に奴隷として仕えるなら法華経を説いて聞かせるという。こうして王は彼の奴隷となって仕えた。そのときの王はブッダであり、聖仙はデーヴァダッタであったと明かされ、さらにつぎのような記述がみられる。

「実に比丘たちよ、デーヴァダッタは私の善知識であり、デーヴァダッタのお陰があればこそ、私は六波羅蜜を成就したし、偉大な慈・悲・喜・捨も、三十二の偉人相と八十種好《はちじっしゅこう》も、金色の皮膚も、(中略)すべてはデーヴァダッタのお陰である」

「提婆達多品」ではデーヴァダッタがブッダに悪事を働いたことは説かれていないが、デーヴァダッタという艱難がブッダを玉にしたので、ここではこれを「善知識（善き友）」と呼んでいる。

なお、苦難の経験を「過去の業の清算／ブッダの予言の正しさの証明」と前向きに解釈するのも反転に含まれるが、これについてはつぎの「物語化」で扱う。

物語化

以上、空思想を根拠とする反転についてみてきたが、ここでは同じく空思想を根拠とする「物語化」について説明しよう。序章でレジリエントな人が持つ三つの能力の二番目として、「「人生には何らかの意味がある」という強い価値観によって支えられた、確固たる信念」を挙げた。そして第一章では、そのためには、どんな苦しみを経験しても、そこに意味を見いだし、自分の人生を意味づける物語の創造が重要であることを指摘した。これまで取り上げてきた日蓮の物語に、ここでふたたび注目し、日蓮が自らの苦（受難）をどのように意味づけ、自分の人生をいかに価値づけたかを整理する。

まずは罪業苦からみていく。この場合、現在の苦は過去の悪業で説明されるので、「過去の業で現在の苦を説明する物語」の創造ということになる。具体的な内容はすでにみたが、通常、このような物語は「苦の消極的受容（諦め）」となる。「過去に悪業を積んだから、このような苦を経験するのは仕方ない」というように。だが、貯金と借金を例に業思想を説明したように、苦果を経験することは過去の悪業（借金）を消滅させることにつながるので、見方を反転させれば、「苦果の経験＝悪業の消滅＝菩提への接近」となり、単なる諦めではなく、未来（菩提）に向かっての希望ともなる。

日蓮が自分の経験する苦果を「喜び」として甘受していることは、これまで紹介したとおりである。そして、その究極は『開目抄』の用例であった。日蓮は自分の苦果をもたらした悪業を特定し、苦果を経験することが悪業の消滅につながるばかりか、苦果の大きさは自分が行っている行為（仏法護持）の正しさと激しさとを証明しているという、「大変革＝大苦痛＝大罪業」という物語を創造している。

これはブッダの予言とも関連して説かれる。ブッダは法華経で「「ブッダ在世当時でさえ、法華経の行者が迫害に遭う。仏滅後は言うまでもない」と予言したが、そのブッダの予言が正しいことを証明するために、私は法難に遭っている」という物語を創造し、自らの受難を意味づけた。「自分が法華経の行者である」という強い認識、そしてブッダおよびブッダが説いた真実の教えである法華経に対する絶対的帰依がなければ、受難にこれほどの意味づけをすることは不可能であろう。

法華経の行者に言及したので、つぎに代受苦に関する物語をみていこう。大乗菩薩《だいじょうぼさつ》の特徴は自利よりも利他の強調にあり、その極みが代受苦である。法華経の行者であることは菩薩であることをも意味するが、苦を受けるのは菩薩として当然のことである。自利即利他の理念から言えば、他者の幸せに貢献することは、菩薩である自分の喜びでもあり、その代受苦は結果として自利、すなわち自らの菩提にも資することになる。

代受苦は日蓮独自の物語というわけではなく、大乗菩薩に共通する物語であるが、常不軽菩薩との同一視は日蓮独自の物語である。法華経に説かれる常不軽菩薩はブッダの本生であるから、その常不軽菩薩と自分を重ねるということは、日蓮にとって「ブッダの追体験」を意味する。常不軽菩薩が過去世において苦難に遭いながらも法華経を弘通し、今生において覚りを開いたように、自らも今生で苦難に遭いながらも法華経を弘通し、未来世において覚りを開くことを希望の光としたのではないか。こうして〝現世での受難（絶望）〟は〝未来世での菩提（希望）〟と紐づけて解釈されることになる。

「なぜ?」という問いの意味するもの

日蓮は「善因苦果《ぜんいんくか》」、すなわち「善業（法華経の弘通）を行っている私が、なぜ苦果（度重なる受難）に遭わなければならないのか」という問題意識から出発し、さまざまな物語を創造した。その「なぜ?」という問いは、過去にも遡り、また未来へと駆け巡りながら、さまざまな物語を結実させたことになる。そこで、「なぜ?」という問いが何を問題とする問いなのか、また物語化とどう関係するのかを考えてみよう。

「なぜ?」は過去の「原因・理由」を問題とする問いである。「昨日、なぜ君は学校を休んだのか?」と訊かれれば、「病気をしたので」などと、過去に遡って結果をもたらした原因や理由を説明することになる。しかし、「なぜ?」という問いは過去の原因・理由を問題にするだけではない。具体的な事例をもとに考えてみよう。

鹿児島に知覧という場所がある。太平洋戦争時、特攻隊の基地となった場所だが、その基地の近くに食堂があった。その女将は鳥濱《とりはま》トメといい、隊員たちにとって「母」と慕われていた。さて戦争が終わったある日、終戦を迎えたために出撃できなかった隊員がトメのもとを訪れ、「仲間が特攻隊として国のために戦死していったのに、自分は出撃できずに生き残ってしまった。仲間に申し訳ない」と涙ながらに訴えると、トメはこう答えた。「なぜ生き残ったのかを考えてみなさい」と。

これが過去の原因・理由を訊いていない問いであることは明らかだ。「あなたには果たすべき使命があって生き残ったのだから、その意味を考えなさい」とトメは続けた。つまり、この場合の「なぜ？」は未来に向かって「意味」を問うている。そして「なぜ？」が未来に向かうとき、新たな希望の物語を創造する扉が開かれる。原因・理由を求めて過去に遡るとき、それは「犯人捜し」で終わってしまうが、意味を求めて未来に向かうとき、それは「希望探し」に変わり、生きる勇気が湧いてくる。

　アドラー心理学で考えると、たしかに日蓮は原因論の立場から苦果の原因を追求したが、それのみならず、法華経弘通あるいは寂光《じゃっこう》土《ど》建立《こんりゅう》という目的論の立場から苦を受容し、自らの行動を規定した。日蓮は自らの受難と真摯に対峙し、さまざまな視点から苦の受容を試みたが、その過程で結果的に大きく成長している。

　逆説的だが、このような法難を受けていなければ、人間性にしても思想にしても、ずいぶんと痩せ細った日蓮像しか存在しなかったであろうし、そもそも日蓮という仏教者は日本仏教史に名を留めなかったに違いない。「艱難汝を玉にす」の諺どおり、数多の法難が日蓮を日蓮にしたのである。これを「心的外傷後成長」という。序章で説明したが、日蓮はさまざまな困難を経験した後、レジリエンスを発揮してもとの状態に戻ったばかりか、困難を経験する前よりも格段に成長している。それを象徴する用例を一つ紹介しよう。『波木《なみき》井《い》三郎殿《さぶろうどの》御返事《ごへんじ》』に、つぎのような記述がある。

正法や像法の時代でさえ、このような有様（法難の厳しいこと）でありますから、それが末法に及ぶことは言うまでもありません。すでに日蓮が法華経のために幕府からのお咎め（御勘気《ごかんき》）を受けたことは、瓦礫のごとき私を金銀に変えていただいたようなもので、幸い中の幸いであります。

このように法難（御勘気）によって、日蓮自身が瓦礫から金銀に変換されたと自覚しているが、これを逆から言えば、法難がなければ日蓮は瓦礫のままだったということになる。困難自体はできれば避けたいものだが、うまくその苦難を克服し昇華できた場合、人は大きく成長する。とすれば、ヒーローに苦難はつきものなのかもしれない。

代理成長

ではつぎに、「心的外傷後成長」を促した要因の一つである「代理成長」について考えてみよう。序章で示したように、これは他者の物語を通して心的外傷後成長が体験できることを意味する。日蓮にとってはとくに常不軽菩薩の受難の物語を色読することで受難を疑似体験し、それが疑似を通り越して自らの実体験と同化することで自らの成長を促したと考えられる。

日蓮は数々の苦難を経験したが、その中でもとくに大きい苦難だったのは、竜口法難から佐渡流罪の時期ではなかったか。竜口法難は死に等しい体験であり、それに続く流罪地の佐渡では極寒の地で過酷な自然環境と戦いながら、日蓮は自らを錬磨した。佐渡流罪中に記された『開目抄』には「日蓮という者は去年九月十二日の夜中に首を刎ねられた（竜口法難）。日蓮の魂魄《こんぱく》は佐渡の国に至って（後略）」と述べているので、この記述は「死と再生」を意味し、古い日蓮が死に、新たな日蓮が誕生したことを象徴している。よって、佐渡流罪の前後で日蓮の思想は決定的な変容を遂げたと言えよう。この極寒の地での体験も後押しし、日蓮は一層、自らの苦難を常不軽菩薩に重ねていった。

さて、法華経「常不軽菩薩品」の話が日蓮自らの体験と同一視されるには、日蓮の色読だけでは不十分だったと私は考える。この話が日蓮にとってリアリティを持つためには、ブッダの本生である常不軽菩薩が罪を犯し、そのせいで苦難を経験したという物語が重要な役割を果たした。鳩摩羅什の加筆による「其罪畢已」という四文字によって常不軽菩薩は日蓮に身近な存在となり、〝リアリティ（現実味・真実味）〟をもって日蓮に迫ったのではないか。

物語で代理成長するには物語のリアリティが重要だが、「偉人の苦果」は読み手にリアリティを付与するのに役立った。あまりに超越的な物語は読み手との間に溝を作り、代理成長の効果は薄れる。繰り返しになるが、「其罪畢已」という、たった四文字が日蓮の代理成長に大きく貢献したと言えよう。

マクゴニガル［2015］は代理成長を促す要因として重要な決め手は「心から共感することだ」と言う。「相手が味わっている苦痛を自分のことのように感じ、もし自分の身にそんなことが起こったらどうなるだろう」と想像することだ。第一章で引用した維摩経の「衆生病むが故に我れ病む。衆生癒《い》ゆるが故に我れ癒ゆ」の精神である。日蓮の場合、この共感力は「色読」で充分果たされていると考えることができよう。

では最後に、代理成長について重要な点を指摘しておく。それは代理成長の物語自身が持つ感染力だ。共感力にせよ色読にせよ、それは「読み手／聞き手」の問題であったが、感染力は物語の側に備わっている力であり、「読み手／聞き手」に影響を与えることがあるという。マクゴニガル［2015］は、ある結婚・家庭問題の療法士の言葉を引用する。

わたしたちはつらい話を聞くとき、「代理トラウマ」はまるで放射性物質のようなものだと思ってしまいがちです。（中略）そうすると、バリアを張らなければ、体を洗わなければ、という考え方になってしまいます。けれども、「代理レジリエンス」というのは、エネルギーの流れのようなものだと考えればよいでしょう。（中略）愛や、希望や、生命力のような純粋なエネルギーが、相手から流れ出してくるのです。そして、こちらもそれに感染したり、影響されたりするのです。

ここでは人と人との直接的なやりとりが取り上げられているが、それは物語と人との間でも起こりうる。仏典が長い年月を経ても途中で消えることなく伝承され続けているという歴史的事実は、仏典にもそのような感染力があることを物語っている。「読み手／聞き手」の共感力（色読）と物語の感染力とが化学反応を起こしたとき、大きな代理成長が実現する。どちらが欠けてもだめなのである。

大いなるものに対する奉仕：自己の相対化

仏教では苦の原因を煩悩に求める。通常、我々は煩悩に基づく自我を中心に据え、日常生活を送っているが、覚りという理想を実現するには、その自我を法（真理）によって相対化しなければならない。仏教のみならず、宗教は自己を超える存在によって人間存在を相対化することを目指す。だから、大きな苦を経験したことをきっかけに成長を遂げた人は自己を相対化し、人間を超えた大いなるものに奉仕するという態度を取る。

ここでは久世［2014］を参考に、「仕事」という観点から日蓮の行動を分析してみよう。

まず久世は、ニューヨーク大学の心理学者エイミー・ルゼスニュースキーの説を紹介する。これは人の仕事に対する価値観を三つのタイプに分類したものだが、これを理解するための寓話がある。

昔あるところで三人の大工が教会を建設していた。そこに通りかかった旅人が、彼らに「あなたは今なぜその仕事をしているのか」と尋ねた。それに対する三人の答えは以下のとおりである。

A：もちろん、お金のためだ。金がなければ、家族も養えぬ

B：この仕事で頭領にほめられたら、つぎの仕事がもらえる。だから頑張っている

C：もちろん、立派な教会を建てるためだ。それが私に与えられた役目だから。この教会が建ったら、神様もお喜びになるし、多くの信者さんがここで恩恵を受けることにもなる

Aの仕事観は「ジョブ（Job）」、つまり仕事を「お金と生活のための労働」ととらえるタイプである。ここでの仕事は物質的な見返りを得るための手段であり、生活や家族のために収入を得ることを目的とする。調査によれば、このタイプに属する人の仕事に対する

満足感は高くないらしい。

Bの仕事観は「キャリア（Career）」であり、「地位と名誉のために仕事をすること」になる。だから、仕事とはお金だけでなく、昇進・昇級・名誉・権力を獲得するための手段になる。この場合、期待した見返りが得られなければ失望し、苛立つことになる。

Cの仕事観は「コーリング（Calling）」、つまり「天職／天から与えられた役目」として仕事を行う場合だ。現代心理学はこれを「本人の仕事に意味と意義を感じている志向性」と定義する。このタイプが仕事や人生に前向きで高い満足感を感じるという。AとBは「外発的動機」、Cは「内発的動機」に基づいて仕事をする。またCは、仕事の結果だけではなく、そこにたどり着くまでのプロセスにも意義を感じるという違いもある。

「コーリング」はキリスト教で「〔神の〕呼び出し」、つまり「お召し」を意味し、これに基づいて自分を超えた「大いなるもの」に奉仕し、貢献することが可能になる。自我が相対化され、本来性を回復するのだ。日蓮の場合、仏からのコーリングがあったことは文献に明記されていないが、法華経弘通を自らの「使命」ととらえ、法華経の行者と自らを位置づけた。そうすることで日蓮は自我を相対化し、法華経弘通や寂光土（浄土）建立という大きな仕事に身を委ねることができる。

アドラー心理学でも、「人は誰かの役に立っていると思えたときにだけ、自らの価値を実感することができる。しかしここでの貢献は目に見えるかたちでなくてもかまわない。誰かの役に立てているという主観的な感覚、つまり「貢献感」があればよく、この貢献感が幸福である」という（岸見・古賀［2013］）。

これを前提に日蓮の受難の生涯を振り返ってみよう。たしかに苦難連続の人生ではあったが、日蓮自身、法華経の行者を自認し、末法の世に正法たる法華経を弘通して、この娑婆世界に寂光土という浄土を建立し、日本国を幸福にするという大きな目標を掲げた。それに向かって貢献していたから、苦難の真っ只中にあっても「貢献感」は高く、よって日蓮は真の幸福感を得ていたと考えても不思議ではない。その幸福感に支えられていたからこそ、数多の艱難辛苦に対してレジリエンスを発揮したのではないか。

自己存在の不思議：他者貢献が自らの価値を実感させる理由

アドラーの心理学は、他者貢献が自らの価値を実感させると説くが、その理由までは説明しない。では、その理由を私なりに仏教の縁起思想から究明してみよう。

突然だが、自分とはいかなる存在だろうか。私は授業で学生に「自分とはいかなる存在か。自分を定義してみよう」と質問する。「私は～である」の「～」を埋めるのである。学生の答えは千差万別だ。「女／日本人／京都出身／平成生まれ／大学生／時間にルーズ」

など、学生の数だけ答えはある。ここまでは活発に答えてくれるが、「では、すべての～に共通することは何か」と次の問いを発すると、とたんに学生は静かになる。「～」の数が多ければ多いほど、その共通項を探るのに苦労するのは当然だ。

さて、その答えは？「他者との比較」である。「女」は「男」がいるから、そして「日本人」は「イギリス人やインド人など、日本人以外の国民」がいるから成り立つ定義であり、それ以外の答えも同様である。自己を定義しようとしているのに、そこには「自己ならざる他者の存在」が深く介入している。つまり、人間は他者を鏡に自己を映し出し、それを「自分（私）」と認識しているのである。

今「鏡」に言及したが、まさに鏡を見る行為が人間存在の不思議を象徴している。人間個人を象徴する身体的部位は「顔」であり、その中でもとくに「目」だが、その顔や目を我々は直接、自分の目で見ることができない。鏡に映し出された像を見て初めて自分の顔や目を認識できるのだ。同様に、人間は他者という鏡に映し出された自己を「自分（私）」と認識する。

人はなぜ挨拶するのか。さまざまな理由があるが、私は躊躇なく「自己認識のため」と答える。私自身、経験したことだが、誰かに挨拶して返事がなかったら、人はどう感じるだろうか。私は極めて不愉快であった。その理由は、返事がなかったことで「自己存在が無視された（＝認識できなかった）から」である。想像してほしい。鏡をのぞき込んで、自分の姿がそこに映っていない状況を。それと同じである。メールで返事がなければ、ラインで既読がつかなければ、人は不安になる。それは返事がないことで自分の存在が確認できなかったことによる不安感である。

最後にもう一つの例。誕生日パーティがあり、参加者が当人にそれぞれプレゼントを用意したとしよう。パーティが終わり、当人がプレゼントを持って会場から自宅に帰ったが、そのとき、自分が渡したプレゼントだけが会場に置き去りにされていたらどうか。何ともやるせない気持ちになるだろう。私という存在が確認できないからだ。

もう充分だろう。これと対極にあるのが他者貢献による他者からの「ありがとう」だ。この一言（五文字）で人は自分を確認でき、結果として「自分は役に立っている／自分には存在する価値がある」と実感できる。まさに自己と他者とは表裏のごとく「縁起」の関係で分かちがたく結びついている。「二つで一つ」だ。鷲田［1996］は「自己とは他者の他者である」と哲学者らしい定義をしているが、これも同じ主旨である。

宗教の意義：人生に意味はあるか？

では最後に、レジリエンスに資する宗教の意義について考えてみよう。まずは宗教の定義から。万人を納得させる宗教の定義はないが、ここでは宗教の本質を突いた西谷［1961］に基づき説明する。西谷によれば、「宗教とは何か」という問いは、問いとして成り立たないという。その間違った問いを破るには、「我々自身が何のためにあるか」という問いを立てなければならないと西谷は言う。つまり、「我々自身が〝絶対なるもの（人間を超越したもの）〟に対して、いかにあるべきか」と言い換えてもよい。この問いの転換にこそ、宗教の本質が隠されている。

「宗教は我々にとって何のためにあるか」という問いは、その問い自体が〝自己中心性〟を含んでいる。「我々」を円の中心に置き、宗教を周辺に追いやる功利的な問いなのだ。だが、宗教は円の中心に自己を超えた存在を置き、それによって自己を相対化する。人間は中心から円周に場所を移動しなければならない。だから、「人間を超えた存在にとって我々の方がどうあるべきか」が問われなければならない。宗教は自己中心的な人間のあり方を問題にし、その自己を相対化するが、ここに宗教の本質がある。

レジリエンスの特徴として、自分を超えた大いなるものへの奉仕・貢献からくる満足感を指摘したが、宗教なしに自我を相対化することは難しい。ここに宗教の存在意義がある。ただしこの自我の相対化はレジリエンスに資するという正の面に加え、負の面も存在する。それは自我が相対化されることで、自己の命や他者の命が相対化され、〝宗教〟のために自己の命や他者の命を軽視することもある（自爆テロ・特攻隊・地下鉄サリン事件など）。まさに諸刃の剣である点は、注意しておかなければならない。

宗教ではないが、序章で紹介したように、アドラー心理学の鍵概念に「共同体感覚」があった。その共同体に自ら積極的にコミットし、その共同体に貢献することで、自らの価値を実感し、幸福感が得られるとアドラーは考えた。かなり宗教に近い考え方だ。

ではつぎに、我々の人生について考えてみよう。いきなりだが、人生に意味はあるのか。私自身の答えは「ない」である。この場合の「ない」とは、客観的あるいは普遍的な意味においてである。これを支持する見解を紹介しよう。アドラーも「一般的な人生の意味はない」という。それは「一般論として語れるような」という意味においてである（岸見［2010］・岸見・古賀［2013］）。

つぎに歴史学者のハラリ［2016］の説を取り上げる。これは、さまざまな学問の成果を駆使して、人類が誕生から今日までたどってきた道程を振り返り、また人類の将来を見すえる博覧強記《はくらんきょうき》の書だが、そのキーワードは「虚構・物語・神話」だ。言葉の獲得と想像力とにより、人間は虚構（架空の事物）について語れるようになったが、「伝説・神話・宗教」だけでなく、「国家・国民・人権・平等・自由」も虚構であるとハラリは喝破する。そして「純粋な科学的視点から言えば、人生にはまったく何の意味もない。人類は、目的も持たずにやみくもに展開する進化の過程の所産だ。（中略）人々が自分の人生に認める意義は、いかなるものも単なる妄想にすぎない」という。

意味はないので、我々の人生には理不尽なことが平気で起こるが、困ったことに人間は意味を求める動物ゆえに、理不尽なことを理不尽なままにしておけない。つまり、理不尽なことに何らかの〝意味づけ〟をせずにはいられないのだ。アドラーも「一般的な人生の意味はない」に続けて、だから「人生の意味は、あなたが自分自身に与えるものだ」とも言う。

私の言葉で言えば「人生を物語る」となる。自分自身を納得させる物語の創造だ。宗教文献は物語の宝庫である。無意味な人生を意味づける物語に事欠かない。ここにも宗教の存在意義を確認することができよう。

終章　日蓮のレジリエンスに学ぶ

いよいよゴールに近づいた。終章では、これまでみてきた日蓮のレジリエンスを手がかりに、我々自身がいかにレジリエンスを高め、ストレスフルで不条理な人生を生き抜いていくかを、五つのステップにまとめて提示する。

不条理な人生と向かい合う

人生は不条理であり、苦やストレスは避けて通れない。客観的な意味で人生に意味があるわけでもない。だから人によっては、いわれのない苦難を背負わされることもある。一時的に避難することは必要だが、しかしいつまでもシェルターに身を潜めているわけにもいかない。「なぜ私だけが！」と叫んでばかりいても、事態は進展しない。アドラーの言うように、どこかで一歩踏み出す勇気が必要となる。

人間は他者との関係性の中で生きているのはたしかだが、基本的に自分の人生は自分で責任を持って決断しなければならない。他力を強調する浄土教でさえ、阿弥陀仏にすべてを委ねる決断をするのは自分自身なのである。人生がいかに不条理に満ち溢れていたとしても、生まれてきた以上、死ぬまでは生きなければならない。無意味な人生に意味を与え、臨終の床で「生きてきてよかった」と思えるように。

そのために、本書ではレジリエンスに注目した。最初からレジリエンスの高い人がいるのもたしかだが、序章でも述べたように、これは先天的に与えられたエリートの特殊能力ではなく、誰でもが後天的に鍛え、高められる能力なのである。でなければ、本書で取り上げた意味がない。

人間は煩悩ゆえに、苦を回避し楽を求めるようにプログラムされている。しかし、その状態を改めないかぎり、煩悩に支配された状態は継続し、真の幸福を得る道は閉ざされたままだ。苦は避けたいが、苦を受容するというプロセスにおいて、我々はマインドセットを変更せざるを得なくなる。この場合の「マインドセットの変更」とは、「煩悩中心の自我(日常的自我)が崩壊し、法(真理)中心の自己(理想的自己)が誕生すること」を意味する。

こうして、ようやく煩悩に支配されていた心の改造に取り組むスタートラインに立てるのだ。そう考えれば、苦の経験はピンチではなく、自分のあり方を変更するチャンスとも言えよう。それによって自己変容の機会が得られたことになるからだ。うまく苦を受容できれば自己変容が可能になる。

英語の諺にDon't throw out the baby with the bathwater（浴槽の水と一緒に赤ちゃんを捨ててはいけない）というものがある。これは「大事なものを不要なものと一緒に捨ててはいけない」という意味で、「細事にこだわり、大事を逸する」の意でも使われるが、私は「苦を回避することは、成長の機会も同時に回避することになる」と理解する。

苦難をうまく受容できれば、人は成長する。その好例として本書では日蓮を取り上げたが、現代でいえば松下幸之助やスティーブ・ジョブズなども、挫折が彼らを一流の人間に鍛え上げたと言えよう。よって、挫折の経験がなければ人は成長しないとも言える。まずは苦やストレスに対する考え方を変更してみよう。

ステップ1：現実を受け止める

序章でもみたように、レジリエンスを高める第一歩は「現実をしっかりと受け止めること」であった。日蓮は、末法という時代背景も視野に入れ、自分が経験する苦難としっかり向かい合うことで、その原因を冷静に分析した。

これに関連し、メタ認知に触れておこう。メタ認知とは「自分の認知活動を客観的に認知すること」である。つまり、自分の思考や行動を一段高いところ（メタ）から客観的に見る視点を持つことを意味する。たとえば、悩んでいる自分を「なぜ今、自分は悩んでいるのか。悩みの原因は何か。悩みに対して自分をどう感じ、どのような態度を取ろうとしているのか」など、客観的に自分を分析するのである。こうすることで、少なくとも「メタ認知している自分」は「悩んでいる自分」から切り離され、片足だけは苦の現場（泥濘《ぬかるみ》）から引き抜くことができる。

ステップ2：〝やわらか頭〟で発想する

つぎのステップは発想を柔軟にすることである。レジリエンスの特徴として「人生に何らかの意味を見いだせる」ことを序章で指摘したが、マクゴニガルはこれを「ベネフィット・ファインディング」と呼んだ。つまり「苦しく辛い経験の中に利点を見いだすこと」である。そのためには、〝やわらか頭〟で柔軟に発想することが重要になる。その根拠になるのが仏教の「空思想」であった。「もの／こと」には実体がないのだから、それをどう解釈するか、どう意味づけるかは個人の自由である。

本書ではこれを「反転」という言葉に置き換えて説明したが、普段から空思想に基づき、ものごとを多面的にとらえる練習をしておくとよい。最も簡単なのは、ものごとを逆から見てみることだ。発想を逆転させるのである。他者の立場に身を置く（相手の立場に立つ）

のも同じである。

前章の「反転」で取り上げなかった、もう一つの用例をここで紹介しておこう。陶芸家・河井寛次郎《かわいかんじろう》の著作『火の誓い』所収の「この世このまま大調和」という随筆からである。「物の相が他の相に変る時に起る色々な現象は、屢々《しばしば》無残な形で現われる。木が火になるためには自分を燃やさなければならない。火が堅さに変るためには自分の姿を消さなければならない。米は食われ、魚は殺される。生き物が生きてゆくために避けられないこういうことの裡《うら》には、一体どんな仕組みがあるのか」と問題提起し、彼が山の中で見た、ある光景を記している。

戦時中、京都で過ごしていた河井は、山中を散歩している最中に、「葉っぱが虫に食われ、虫が葉っぱを食う」という痛ましい光景を目にした。普段はそうとしか見えなかった光景が、そのときばかりは「虫は葉っぱに養われ、葉っぱは虫を養っている」と見えた。これによって河井のモヤモヤは払拭され、この世はこれで結構調和しているのだと思い至った(河井［1996］)。

このように視点を変え、観点をずらせば、「食う／食われる」という悲惨な光景が「養う／養われる」という慈愛の光景に反転する。煩悩に支配された心は「苦」を「悪」としか見なさないが、やわらか頭で発想し、「苦」の中に「善（成長の種）」を見つけることができれば、レジリエンスは強化される。これが「ベネフィット・ファインディング」だ。それができれば、安藤忠雄の座右の銘とも言うべき、二〇世紀の偉大な建築家ルイス・カーンの「創造とは、逆境の中でこそ見いだされるもの」（安藤［2001］）という言葉も出てくるのである。

ステップ3：感謝を習慣づける

レジリエンスの高い人の特徴は「感謝」だ。苦の受容を通じてマインドセットが変わり、煩悩中心の自我から法（真理）中心の自己に移行したことで「当たり前の基準」もぐんと低くなる。「一切皆苦」の視点から人生を見直せば、「すべてが有り難い！」という感謝の念が湧き起こるのも自然の道理である。さきほどみたやわらか頭で発想し、人生観を「一切皆苦」に切り変えれば、身の回りは感謝で溢れていることがわかる。

久世浩司に基づき、マンガ『ＯＮＥ ＰＩＥＣＥ』の用例を紹介しよう。主人公ルフィが人生で最大の逆境に立たされたとき、自分がいかに恵まれていたかに感謝することで再起するシーンがある。最愛の兄エースを自分の目の前で死なせてしまったことに強い罪悪感を感じ、自暴自棄になっていたルフィを、メンター的存在の魚人ジンベエがつぎのように叱咤激励する。

「失った物ばかり数えるな！　無い物はない！　確認せい！　お前にまだ残っておるものは何じゃ！」（久世［2014］）

この言葉で正気に戻ったルフィは、かけがえのない八人の仲間に恵まれていたことに気づき、逆境の中で感謝の念を抱いて再起した。ここも発想の転換が大事で、なくなった物を基準にするのか、今あるものを基準にするかでルフィの行動は大きく変わる。これに関連し、アドラーの言葉「大切なのは何が与えられているか（所有の心理学）ではなく、与えられたものをどう使うか（使用の心理学）である」を紹介しておく。現在から過去ばかりみて、ないものを嘆くのではなく、現在から未来に視点を移し、今あるものをどう活用するかが大事なのだ。

さて話は少し逸れるが、ここで「こころ（思考）」と「からだ（行動）」の関係について考えてみよう。これは修行の意味を考える上でも重要である。一般に、「こころ（思考）」が変われば「からだ（行動）」も変わると理解されている。楽しければ笑うし、スポーツでは勝っていれば元気もでる。

しかし、「こころ」と「からだ」の関係はそれほど単純ではない。たしかに「こころ→からだ」もあるが、その逆「からだ→こころ」の側面も無視できない。行動（からだ）を変えれば思考（こころ）が変わることもある。楽しくなくても無理して笑っていれば楽しくなるし、負けていても大きな声を出していれば元気になる。これはスポーツ経験者なら誰しも経験していることで、負けているときこそ「声を出せ！」と言われる。行動（からだ）が思考（こころ）に影響を与えるからだ。

これに関連して、日蓮は『かわいどの御返事』で「人に偶然、出会ったときは、面倒に思われても、ちゃんと対面されたほうがよいでしょう。笑顔になれないときでもあえて微笑みなさいませ」と言う。修行の理屈もこれと同じだ。たとえば「八正道」という実践道は覚った人の行動であるが、凡人はいきなり覚れない。だから、覚った人の行動を真似ることで覚りを経験する。修行とは、行動変容によって思考変容を促す行為なのである。武道や芸事でも〝型〟が大事なのは、同じ理由による。

話を戻そう。レジリエンスの高い人が感謝の生活を送るとすれば、感謝の生活を習慣づけることでレジリエンスを高めることも可能になるが、感謝は自分のレジリエンスを高めるだけでなく、他者のレジリエンスを高める効果もある。前章でアドラー心理学を援用しながら、誰かの役に立っていると思えれば、自らの価値を実感して貢献感が高まり、それによって幸福が得られると指摘したが、その貢献感は他者からの感謝で実感できる。感謝は「する方／される方」の両者を益する行為であり、相乗効果を生む。

ステップ4：感染されて代理成長をはたす

では最後のステップに入ろう。これは自力ではなく、他力を借りて行うものである。他者の挫折克服体験・苦難受容体験の物語を通して、その聞き手が成長するのだ。心理療法士・医療従事者・ソーシャルワーカーらは、患者やクライエントのレジリエンスや回復に触発されて成長するという。

これは現実の人間の物語がベースになっているが、必ずしもこれを現実の人間に限定する必要はない。何よりもそれを実証してくれたのが日蓮だ。日蓮は法華経の常不軽菩薩やデーヴァダッタを善知識とするブッダの物語に触発されて大きく成長を遂げたので、触発されるべき物語はフィクションでも問題ない。問題はそれが「現実かどうか」ではなく、そこに人間が真に求める「真理・真実が説かれているかどうか」だ。

さきほど『ＯＮＥ ＰＩＥＣＥ』の例を出したが、なぜこのマンガに爆発的な人気があるのか。それは、そこに挫折克服体験が説かれているからであり、さきほど引用したような台詞が読み手を励ますからだ。このマンガを読み、アニメを見た多くの人が、この台詞に励まされ、勇気をもらい、また代理成長をはたした人もいるだろう。

マンガ・映画・小説・演劇・ドラマなど、物語はさまざまな形で表現されるが、それらがフィクションにもかかわらず、昔から継承されて廃れないのは、エンターテインメントの提供という側面もあるが、それらが代理成長を促すからではないか。共感性をもってそのような物語に触れるとき、物語の持つ感染力で代理成長が起こり、レジリエンスが感染する。マクゴニガルは、「代理成長」という概念を意識するだけでも、実際に代理成長が起こりやすくなると指摘している。

だから、マンガ・映画・小説・演劇・ドラマを通し、挫折を克服した人や苦難を受容した人々の力を借りて、自己のレジリエンスを高めることもできる。そしてさらにこれを一歩進めるなら、今度は自分が挫折克服や苦難受容の体験者として他者に貢献することができよう。法華経からレジリエンスをもらった日蓮の生き方・考え方が、今度はそれを知った現代人にレジリエンスを提供する。

そして、日蓮からレジリエンスをもらった現代人が挫折を克服し、苦難を受容すれば、それがつぎに未来の人々にレジリエンスを受け渡すことも可能だろう。こうして法華経のレジリエンスは日蓮を経由して現代人から未来人へと受け渡されていく。このレジリエンスの受け渡しは、自利が利他に相即する点で自利即利他を理想とする菩薩の生き方につながっていく。

ステップ5：他者貢献のための物語を創造する

人生に生きる意味がないことはすでに指摘した。一方で、人間は意味を求める動物である。この狭間で人間は不条理な人生に煩悶する。だから、無意味な人生を意味づけなければならないのである。不条理な人生を生き抜くための物語の創造だ。ただし、どのような物語でもよいというわけではない。その際に重要なのは、「他者貢献」という視点であろう。本書で確認したように、自己は他者を鑑にしてしか自己認識できないので、「他者の役に立っている／他者に貢献できている」と実感できたときにのみ、自らの価値あるいは存在意義を実感することができる。アドラーは、優越感の追求に関して、つぎのように言う。

真に人生の課題に直面し、それを克服できる唯一の人は、〈優越性の〉追求において、他のすべての人を豊かにするという傾向を見せる人、他の人も利するような仕方で前進する人である（岸見［2018］）。

この「他の人／他者」の観念を拡大していけば、それは家族や地域社会や国家、あるいはアドラーの「共同体」や日蓮の「寂光土（浄土）」にまで行き着く。どのレベルに「他者」を設定するかは人それぞれだが、ともかく自らの価値や存在意義を実感するために他者貢献の物語を創造することもレジリエンスを高めるには重要だ。ただし、「自らの価値や存在意義を実感する」といっても、それは自己中心的な思考では実現しない。逆説的だが、それは〝自己の相対化〟においてこそ成就することを忘れてはならない。

本章では、日蓮の生き方・考え方から、レジリエンスを涵養《かんよう》するためのヒントを私なりにまとめてみた。久世［2014］は著書の最後で、レジリエンスを養う最後の技術とは、逆境体験という精神的には痛いけれども発達的には価値のある体験から「私という人間は一体何者なのか」を学ぶプロセスであると指摘する。「私は何者なのか」、日蓮にとっては「我こそは法華経の行者なり」がその答えであった。我々もレジリエンスを涵養するプロセスの中で、いつかは胸を張って「私は〜である」と言えるものを見つけたいものだ。

間宮［2017］によれば、「法華経の行者」という用語自体は『守護国家論』に見られるが、これに特別な意味を込めるようになるのは伊豆流罪中（日蓮四一歳）であり、それ以降、最晩年に至るまで、「法華経の行者」の自覚を表明し続けているという。「我こそは法華経の行者なり！」は、相次ぐ苦難と格闘しながら、「私は何者なのか」を問い続けた日蓮が四一歳以降、その都度その都度、命をかけて絞り出した〝魂魄の雄叫び〟ではなかったか。

おわりに

著書を出版するにあたっては、タイミングが重要な役割を果たすこともある。これまで何冊かの著書を出版してきたが、その中には「この時期だからこそ、この本が書けた／この時期でなければ、この本は書けなかった」というのがある。その典型例が、『南無阿弥陀仏と南無妙法蓮華経』（新潮新書）だ。同書にも書いたが、二〇一八年度は我が生涯にとって忘れられない年となった。人生最大のピンチで、早朝覚醒に悩まされる毎朝、鬱々と塞ぎ込む毎日が続いた。できれば現実から逃避したかったが、それもできず、モノクロームな毎日が淡々と機械的に繰り返される。

ちょうどその頃、法然と日蓮とを比較する着想を抱いてはいたが、どのタイミングで書きはじめるかは決断しかねていた。そんな折に訪れたピンチ。今しかないと思った。法然も日蓮も、度重なる法難に遭いながら、自らの信念を曲げることなく正面から法難に立ち向かった。その二人の生き方や考え方を私なりに言語化することで、自分自身を鼓舞しようとしたのだろう。これが奏功し、青息吐息ではあったが、二〇一八年度を何とか乗り切ることができた。この時期だからこそ同書が書けた。

その『南無阿弥陀仏と南無妙法蓮華経』の執筆中、日蓮の著作を読み進めるうちに、日蓮の苦の受容の仕方に興味を覚えた。私の専門はインドの仏教業報説話であり、二〇一六年には『〈業〉とは何か：行為と道徳の仏教思想史』（筑摩選書）を出版していたので、業思想という視点から日蓮の苦の受容をみると、何か面白いものが書けるのではないかと考え、その内容を温めていたところだった。そこに訪れた再度のピンチ、というか、二〇一八年以降はピンチの連続で、私の精神は臨界点に達していた（学長職にあれば、こんなことは当然かもしれませんが）。

このまま何もせず対策を講じなければ、精神的に病み、胃に穴が開いてしまうと危機感を持ち（少し大袈裟か）、今回も「今しかない！」と即断。落ち込んでも復活できる精神的な強さを求め、日蓮の精神的タフネスを「レジリエンス」という、今、注目の言葉に置き換えて執筆したのが本書である。日蓮のレジリエンスを言語化することで、自分を勇気づけ精神衛生を改善したかったというのが本音だ。

さて今回は以前と違って、私には〝同志〟がいる。同じピンチを共有し、励まし合った（いや、励ましてもらってばかりいたか）ので、〝戦友〟という言葉の方がふさわしいかもしれない。大学事務局長の上野泰弘氏だ。何かにつけて相談にのってもらい、愚痴も聞いてもらったが、そんなある日、今回の構想を彼に告げると、「是非、書いてください！」と励ましてくれた。思ってもみなかった反応だけに、「絶対、今年度中に書くぞ！」と決断できた。

というわけで、本書は上野事務局長に捧げたい。大した恩返しもできず、迷惑のかけっぱなし。忸怩《じくじ》たる思いで一杯だが、本書の出版でせめてもの恩返しができたなら幸いである。上野さん、本当にありがとうございました。あらためてお礼申し上げます。

さて今回の出版は、大法輪閣に出版の労をおとりいただいた。すでに書いたとおり、今回はかなり精神状態がきつい中で執筆したため、あらためて校閲を受けると、吹き出してしまいそうな恥ずかしい変換ミスなども目立ったが、懇切丁寧に修正していただいた。ここに衷心より謝意を表する次第である。本当にありがとうございました。

二〇二一年一〇月一一日（幻となった「スポーツの日」に）

引用文献ならびに主要参考文献

浅見和彦(校訂・訳)
2011.『方丈記』筑摩書房.
安藤忠雄
2001.『連戦連敗』東京大学出版会.
カーネギー、D.
1999.『道は開ける［新装版］』創元社.
外務省
2018. JAPAN SDGs Action Platform. https://www.mofa.go.jp/mofaj/gaiko/oda/sdgs/about/index.html（閲覧日２０２１年3月15日）
梶山雄一
1983.『「さとり」と「廻向」：大乗仏教の成立』講談社.
河井寛次郎
1996.『火の誓い』講談社.
ギアツ、クリフォード
1987.『文化の解釈学Ⅰ』岩波書店.
岸見一郎
2010.『アドラー　人生を生き抜く心理学』ＮＨＫ出版.

2018.『アドラー　人生の意味の心理学：変われない？　変わりたくない？』NHK出版.
岸見一郎・古賀史健
2013.『嫌われる勇気：自己啓発の源流「アドラー」の教え』ダイヤモンド社.
クシュナー、H. S.
2008.『なぜ私だけが苦しむのか：現代のヨブ記』岩波書店.
久世浩司
2014.『「レジリエンス」の鍛え方：世界のエリートがIQ・学歴よりも重視！』実業之日本社.
小坂国継
1999.『善人がなぜ苦しむのか：倫理と宗教』勁草書房.
小松邦彰（著）・冠賢一（編）
1987.『日蓮宗小事典』法藏館.
小松邦彰・花野充道（編）
2014.『日蓮の思想とその展開（シリーズ日蓮2）』春秋社.
佐々木馨（編）
2004.『法華の行者　日蓮（日本の名僧12）』吉川弘文館.
佐藤弘夫
2003.『日蓮：われ日本の柱とならむ（ミネルヴァ日本評伝選）』ミネルヴァ書房.
サンドバーグ、シェリル／グラント、アダム
2017.『OPTION B：逆境、レジリエンス、そして喜び』日本経済新聞出版社.
下田正弘

2011.「経典を創出する：大乗世界の出現」（高崎［2011: 137–71］）
浄土宗
2013.『業を見すえて（浄土宗人権教育シリーズ５）』浄土宗出版．
末木文美士
2010.『増補　日蓮入門：現世を撃つ思想』筑摩書房．
セリグマン、マーティン
2014.『ポジティブ心理学の挑戦：〝幸福〟から〝持続的幸福〟へ』ディスカヴァー21．
ゾッリ、アンドリュー／ヒーリー、A. M.
2013.『レジリエンス　復活力：あらゆるシステムの破綻と回復を分けるものは何か』ダイヤモンド社．
平雅行
2017.『鎌倉仏教と専修念仏』法藏館．
高木豊
1973.『平安時代法華仏教史研究』平楽寺書店．
高倉豊
2015.『結果を出す人は「ブリコラージュ」で考える』かんき出版．
高崎直道（監）・桂紹隆他（編）
2011.『大乗仏教の誕生（シリーズ大乗仏教２）』春秋社．
田瀬和夫／ＳＤＧパートナーズ
2020.『ＳＤＧｓ思考：２０３０年のその先へ　17の目標を超えて目指す世界』インプレス．

田村芳朗
1977.「三種の浄土観」『日本仏教学会年報』42, 17–32.
1980.「代受苦：菩薩と苦」『仏教思想5〈苦〉』平楽寺書店.
冨山和彦
2021.『「不連続な変化の時代」を生き抜く リーダーの「挫折力」』ＰＨＰ研究所.
中村元
1981.『佛教語大辞典（縮刷版）』東京書籍.
並川孝儀
2001.「ブッダの過去の悪業とその果報に関する伝承」『佛教学浄土学研究（香川孝雄博士古稀記念論集）』永田文昌堂.
2005.『ゴータマ・ブッダ考』大蔵出版.
西谷啓治
1961.『宗教とは何か（宗教論集Ｉ）』創文社.
ハーバード・ビジネス・レビュー編集部(編)
2019.『レジリエンス』ダイヤモンド社.
帚木蓬生
2017.『ネガティブ・ケイパビリティ　答えの出ない事態に耐える力』朝日新聞出版.
原愼定
2004.「罪意識と使命感」（佐々木［2004: 144–166］）
ハラリ、Y. N.

2016.『サピエンス全史』（全2巻）河出書房新社.
平岡聡
2002.『説話の考古学：インド仏教説話に秘められた思想』大蔵出版.
2012.『法華経成立の新解釈：仏伝として法華経を読み解く』大蔵出版.
2016.『〈業〉とは何か：行為と道徳の仏教思想史』筑摩書房.
2018.『浄土思想入門：古代インドから現代日本まで』ＫＡＤＯＫＡＷＡ.
2019.『南無阿弥陀仏と南無妙法蓮華経』新潮社.
2020.『菩薩とはなにか』春秋社.
2021.『鎌倉仏教』ＫＡＤＯＫＡＷＡ.
福和伸夫
2020a.「鴨長明が「無常」と感じた平安末期から鎌倉初期の感染症と災害」https://news.yahoo.co.jp/byline/fukuwanobuo/20200611-00182716/（閲覧日２０２１年４月13日）
2020b.「感染症と災害、飢饉、元寇に苦しんだ武家政権の鎌倉時代」https://news.yahoo.co.jp/byline/fukuwanobuo/20200622-00184243/（閲覧日２０２１年４月13日）
前野隆司
2017.『実践 ポジティブ心理学：幸せのサイエンス』ＰＨＰ研究所.
マクゴニガル、ケリー
2015.『スタンフォードのストレスを力に変える教科書』大和書房.
間宮啓壬
2014.「日蓮の題目論とその継承」（小松・花野［2014: 273–290］）.

2017.『日蓮における宗教的自覚と救済：「心み」の宗教』東北大学出版会.
南博・稲場雅紀
2020.『ＳＤＧｓ：危機の時代の羅針盤』岩波書店.
山邉習學
1984.『仏弟子伝』法藏館.
鷲田清一
1996.『じぶん・この不思議な存在』講談社.
渡辺宝陽・小松邦彰(編)
1992.『日蓮聖人全集　第一巻　宗義1』春秋社.

Geertz, C.
1973. *The Interpretation of Cultures: Slected Essays*, New York: Basic Books（ギアツ［1987］の原著）.
Suzuki, T.
2017. "*Qizui biyi*" Having Atoned for His Sin: Nichiren and Sadāparibhūta." Indogaku Bukkyōgaku kenkyū　印度学仏教学研究 64(3): 109–117.

平岡　聡（ひらおか・さとし）

1960（昭和35）年、京都生まれ。佛教大学大学院文学研究科博士後期課程満期退学。ミシガン大学に客員研究員として留学。博士（文学）。京都文教学園学園長・京都文教大学学長（2021年12月現在）。第42回日本印度学仏教学会賞、第12回坂本日深学術賞を受賞。
主な著書に『法華経成立の新解釈』『進化する南無阿弥陀仏』（大蔵出版）、『大乗経典の誕生』（筑摩書房）、『菩薩とはなにか』（春秋社）、『鎌倉仏教』（KADOKAWA）、『南無阿弥陀仏と南無妙法蓮華経』（新潮社）などがある。

日蓮に学ぶレジリエンス
—不条理な人生を生き抜くために—

2021年12月20日　初版第1刷発行

著　者　平　岡　聡
発行人　石　原　大　道
印　刷　三協美術印刷株式会社
製　本　東京美術紙工協業組合
発行所　有限会社 大　法　輪　閣
〒150-0022 東京都渋谷区恵比寿南 2-16-6-202
TEL 03－5724－3375（代表）
http://www.daihorin-kaku.com

編集協力：高木夕子　装 幀：山本太郎　組 版：株式会社キャップス

　ISBN978-4-8046-1435-9　C0015